Daniela Fortunato

La routine d'une ado pas comme les autres

AF548787

Daniela Fortunato

La routine d’une ado pas comme les autres

Un livre destiné aux demoiselles qui aiment sortir de leurs habitudes

Éditions Muse

Imprint

Any brand names and product names mentioned in this book are subject to trademark, brand or patent protection and are trademarks or registered trademarks of their respective holders. The use of brand names, product names, common names, trade names, product descriptions etc. even without a particular marking in this work is in no way to be construed to mean that such names may be regarded as unrestricted in respect of trademark and brand protection legislation and could thus be used by anyone.

Cover image: www.ingimage.com

Publisher:
Éditions Muse
is a trademark of
Dodo Books Indian Ocean Ltd. and OmniScriptum S.R.L publishing group

120 High Road, East Finchley, London, N2 9ED, United Kingdom
Str. Armeneasca 28/1, office 1, Chisinau MD-2012, Republic of Moldova, Europe
Printed at: see last page
ISBN: 978-620-4-96299-3

Copyright © Daniela Fortunato
Copyright © 2023 Dodo Books Indian Ocean Ltd. and OmniScriptum S.R.L publishing group

1 - Le déménagement nostalgique

Un matin glacial de février, alors que le jour se levait sur la charmante et grande ville de Bruny, située au centre de la Suisse, moi, Louise, âgée de mes 22 ans et des poussières, me réveillai de très bonne humeur. Je savais que c'était le jour J et que ma famille et moi allions enfin déménager dans une grande maison et surtout avec une énorme chambre pour y ranger toutes mes affaires. J'eus quand même un petit pincement au cœur de devoir quitter mes voisines avec qui j'avais vécu pendant 10 ans et partagé mon enfance. Je me rappelai exactement de tous les moments qu'on avait partagés que ce soit des moments de rigolade, de tristesse ou même de dispute, mais malgré tout cela, elles allaient fort me manquer et je me suis promise de revenir les visiter autant de fois que possible.

Du côté d'Emma, ma petite sœur de 17 ans, c'était bien plus compliqué. Elle qui déteste la campagne et se considère comme une ado de la ville, cette idée de déménagement ne lui plaisait guère. J'avais beau lui expliquer qu'on allait avoir plus de place ainsi qu'un plus grand jardin, mais elle ne voulait rien savoir. Je dois dire que ma relation avec ma sœur n'était pas tous les jours rose. Un jour nous sommes les meilleures amies du monde, et le lendemain les pires ennemies, mais malgré tout, on faisait beaucoup d'efforts et on était toujours là l'une pour l'autre quoi qu'il arrive.

Notre père, Alfredo, âgé de 50 ans, était le plus joyeux de la famille au sujet de ce déménagement car il se réjouissait d'avoir enfin un atelier de bricolage mais surtout un énorme jardin pour pouvoir y planter ses légumes et ses fruits ou encore d'y mettre un jacuzzi pour pouvoir se relaxer après des journées de travail intense. De plus, il souhaitait vraiment avoir une propriété qui lui appartienne et non devoir payer chaque mois un loyer pour un bien qui ne serait jamais à lui. Il préparait donc ses affaires avec hâte et à grande vitesse tout en fredonnant sa chanson préférée. C'était un grand jour pour lui.

Pour ce qui est de notre mère, Amelia, âgée également de 50 ans, elle pensait pareil que son époux pour le côté financier. Par contre, elle se faisait du souci de devoir casser sa routine après toutes ces années. C'était une personne qui avait ses habitudes et qui n'aimait pas les modifier, quitte à faire exactement la même chose tous les jours. Déménager n'était également pas un mot qu'elle appréciait au vu du grand rangement qu'elle allait devoir entreprendre. Mais bon, elle était curieuse de voir comment les choses allaient se dérouler et se réjouissait d'avoir tout en place.

Ding Dong

Tout d'un coup la sonnette retentit et je savais que c'était le moment de partir, les amis de mon père étaient enfin là avec une grande remorque qui allait amener tous nos meubles dans notre nouvelle demeure, qui se trouvait à 10 minutes en voiture de là.

Je descendis à l'étage saluer tout ce petit monde et là je vis ma sœur, Emma, avec sa tête de déterrée ayant les larmes aux yeux. On aurait dit que quelque chose de dramatique lui était arrivé. Je la pris à part et lui demanda ce qui n'allait pas. Elle me répondit :

- Tu sais Louise, on a grandi ici, on a toutes nos copines et voisines dans cette ville et de devoir tout quitter ce n'est pas facile. Je n'ai pas envie de partir. Je veux rester ici, c'est ici que je suis née, c'est ici que j'ai grandi, pourquoi partir ?
- Je sais bien Emma, et je te comprends tout à fait, mais on va dans la ville d'à-côté ce n'est pas comme si on changeait de pays non plus. Tu pourras revenir tous les jours si tu le souhaites.
- Rho, tu ne me comprends rien et minimise toujours les situations, ça ne sert à rien de discuter avec toi.
- Écoutes, j'ai une idée, quelque chose qui pourrait te motiver fortement à accepter mieux ce déménagement ! Tu ne vas même pas y croire !
- Et quoi donc ? Tu vas me refaire du chantage comme quand on était petites ? Me promettre de m'offrir je ne sais quoi pour que j'accepte cette situation ?
- Non, mieux que ça ! Tu sais qu'ici on ne pouvait pas avoir de chien, c'était interdit par la gérance ?
- Hmm... Où veux-tu en venir ?
- Bah voilà, je t'explique ! J'ai décidé de prendre un chien et suis déjà en contact avec un élevage en France. Le petit chiot vient de naître et je pourrais aller le chercher dans deux mois !
- Mais tu es folle ?! Papa va te tuer ! Tu sais très bien qu'il ne veut pas qu'on prenne un chien, ni maman d'ailleurs, ils disent que les chiens sont faits pour être dehors et non dedans, et avec les températures suisses, je ne pense pas qu'on puisse laisser une pauvre bête dehors...
- Oh tu te fais trop de soucis, ce sera une belle surprise, ne t'inquiètes pas il va adorer. Il a toujours eu des chiens quand il était jeune, maman pareil, donc je ne vois pas pourquoi cette idée ne leur plairait pas. De plus, quand ils vont voir la petite boule de poil arrivée, ils vont être aux anges. Alors maintenant, est-ce que tu es un peu plus motivée pour cette nouvelle aventure dans notre nouvelle maison ?
- Ah bah là, je ne peux que me réjouir de voir ce petit chiot d'amour !

Et elle alla chercher ses affaires avec un petit sourire au coin de la bouche, j'étais fière de moi et heureuse d'avoir pu la convaincre si facilement.

Le moment le plus triste arriva, dire au revoir à ma petite chambre de 7m2, celle où j'ai passé de si beaux moments comme des mauvais mais que malgré tout, elle allait fort me manquer. Certes elle était minuscule mais chaleureuse, et je m'y sentais vraiment bien, j'espérais pouvoir retrouver ce sentiment dans ma future chambre au vu de sa grande taille.

Nous voilà partis pour notre nouvelle maison, avec un petit brin de nostalgie mais une grande excitation. Ma sœur me regarda avec un petit sourire, elle se réjouissait déjà de la venue du nouveau membre de la famille, le chien. Dix minutes après, on arriva devant la porte de notre demeure, j'aperçus déjà l'énorme jardin qu'il y avait autour et je voyais déjà notre chien gambader dans cette belle herbe verte avec sa niche en bois pour se reposer. En rentrant à l'intérieur, je me sentis toute bizarre, comme si ce n'était pas chez moi, un sentiment très étrange m'envahissait. Il allait me falloir un petit moment avant de m'y habituer et de faire comprendre à mon cerveau que c'était bien mon domicile. Bien sûr je me dépêchai d'aller voir ma chambre deux étages plus hauts, non seulement elle faisait tout l'étage du haut, mais en plus, je bénéficiais de la plus grande pièce de la maison. Comment ne pas être heureuse dans ce cas-là ? Et ce que j'adorais par-dessus tout c'est qu'elle avait une fenêtre de chaque côté donc ce qu'il me permettait d'avoir le soleil du matin jusqu'au soir. Et mieux encore, du côté où je comptais mettre mon lit, on pouvait apercevoir de magnifiques levés de soleil sur les champs, c'était juste magnifique et je me réjouissais déjà. En voyant cela, ma sœur fut un peu jalouse mais la sienne était également spacieuse et surtout, elle économisait des escaliers vu que la sienne se trouvait au premier étage, donc elle ne regretta pas son choix. Il faut savoir que cette nouvelle maison comprenait 4 étages, l'étage principal avec une petite cuisine, le salon qui donnait sur le grand jardin et des wc. Le premier comprenait 2 chambres et des toilettes avec une grande baignoire (fini la petite douche de notre ancien appartement), le deuxième étage c'était ma chambre. On avait également un sous-sol avec un grand atelier, un bureau et une buanderie très spacieuse où on avait un lave-linge et un sèche-linge, le luxe comme disait ma mère. C'était énorme comparé à notre ancien appartement. On ne pouvait qu'être heureux et chanceux d'habiter ici.

Notre déménagement se passait à merveille (en enlevant le fait qu'il m'a fallu une semaine pour ranger toutes mes affaires) et après quelques jours, tout était enfin en place. Tous les meubles et accessoires étaient rangé à leur place, et mes parents avaient même acheter le fameux jacuzzi, on pouvait enfin profiter d'un moment de détente après nos longues journées, que demander de mieux ? Nous avons peu à peu pris nos marques et habitudes, et nos parents ne regrettaient pas leurs choix. Finalement, ma sœur et moi non plus, on aimait beaucoup notre nouvelle chambre.

2- Le mois chamboulé

Voilà un mois que nous avions quitté la grande ville Bruny pour nous installer dans la petite ville de Perly, une campagne remplie de champs verdoyants qui évoluait au fil des années et se transformait en ville peu à peu tout en gardant une partie de sa nature. Plusieurs enseignes avaient vu le jour et de plus en plus de logements étaient construits. Tout se passait pour le mieux et le déménagement était un sujet loin derrière nous.

Enfin quand je vous dis que tout se passait pour le mieux, j'oubliais de vous parler d'une étape importante de ma vie professionnelle...

J'avais été engagée en septembre de l'année précédente chez une famille qui m'avait promis un bon travail avec de belles conditions ainsi qu'un cours d'allemand payé à leur frais. Malheureusement, je n'ai pu bénéficier ni de l'un, ni de l'autre. Je passais mes journées à garder leurs enfants et même ceux de leurs voisins parfois, pour gagner une misère, sans compter quand je devais aller faire les courses pour leurs voisins également. En plus, je n'avais droit à aucun cours d'allemand donc j'étais très frustrée de leur fausse promesse et sentais qu'ils profitaient un peu beaucoup de ma gentillesse et de ma bonté.

J'ai longtemps réfléchi à cette situation insatisfaisante, et je me suis dit, avec un diplôme d'employée de commerce et tous les petits boulots que j'avais fait qui m'avaient fait gagner de l'expérience, j'avais des chances de me trouver un poste plus sérieux et à mon niveau au lieu de me faire exploiter de la sorte et de ne pouvoir être indépendante financièrement. J'en avais assez de devoir dépendre de mes parents et de me priver de choses à cause d'employeurs profiteurs et malsains.

Le jour d'après, je croisais une amie et lui racontai toute cette mésaventure qui durait depuis quelques mois. Elle me conseilla alors de reprendre mes études tout en ayant un emploi à côté pour avoir un peu d'argent tout en me formant et de ne plus dépendre de mes parents. C'était ce qu'elle s'apprêtait à faire et elle semblait très motivée par cette démarche. C'était une superbe idée et je ne pouvais qu'avoir envie de la suivre car je n'avais rien à perdre, au contraire, je pourrais enfin être épanouie dans ma vie professionnelle. Je voyais enfin la lumière au fond du tunnel et me réjouissais.

Je commençai alors mes recherches d'emploi tout en m'inscrivant dans une Haute École d'Économie dans la belle ville de Neuilly, qui se trouvait à 20 minutes de chez moi. C'était très difficile et j'étais dans un cercle vicieux, car c'était compliqué de trouver un poste à temps partiel mais en plus, l'école ne m'accepterait qu'avec un contrat à temps partiel. Je dû donc redoubler d'efforts et fis appel à mon réseau pour m'aider dans cette démarche si compliquée et qui me fatiguait beaucoup mentalement. Il y avait des jours où je voulais tout laisser tomber, mais je me rappelai ce pourquoi j'avais entrepris cette démarche et je me remotivai ainsi.

Je n'ai rien lâché et deux semaines se sont écoulées quand je reçu le message d'une amie : « Louise, regardes ce que j'ai trouvé ! Cette annonce correspond exactement à ce que tu recherches ! Un poste d'employée de commerce à taux réduit ! Postule vite, ne sait-on jamais c'est peut-être ton jour de chance ! ». Et c'est exactement ce que je fis. Je préparai mon plus beau dossier de candidature muni d'un CV créatif et d'une lettre de motivation adaptée, accompagnés de mes diplômes et certificats. Je l'envoyai par Poste en espérant être appelée dans un futur proche.

Même pas une semaine après ma candidature, un employé de l'entreprise me téléphona pour fixer un entretien dans la même semaine. Woah, j'étais vraiment chanceuse sur ce coup-là ! Je sautai dans tous les sens et tellement je fis de bruit que ma sœur Emma vint dans ma chambre voir ce qu'il se passait pour que je sois dans cet état d'euphorie. Quand je lui racontai ce qui c'était passé, elle sauta également de joie et me proposa de sortir pour aller fêter ça. Je trouvais un peu exagéré de mettre la charrue avant les bœufs car je n'étais même pas sûre d'avoir le poste, mais pour lui faire plaisir et me faire plaisir, j'accepta. Après tout, il faut aussi s'amuser dans la vie.

Nous sommes donc sorties avec notre cousin Christophe dans un bar de notre ancienne ville où à vrai dire, la moyenne d'âge des gens qui fréquentent cet établissement était dans la cinquantaine. Nous préférions boire un verre tranquille entre nous avant d'aller dans une discothèque où nous ne pourrions pas discuter car la musique ferait éclater nos tympans avant même qu'on puisse parler de quelque chose de concret.

Nous voilà arrivés dans ce bar et il y avait un jeune garçon dans la vingtaine, qui servait les boissons, et bien sûr, ma sœur essayait de nous caser. Elle voulait absolument que je me trouve quelqu'un (je pense surtout qu'elle voulait que je quitte la maison pour pouvoir prendre ma chambre qui était la plus grande de la maison) et avait décidé ce soir-là, que ce serait lui l'élu. Évidemment, elle en fit part à notre cousin, et les voilà les deux partis pour faire les entremetteurs pendant toute la soirée. A ma plus grande surprise, vu que le bar fermait et que mes deux compagnons de nuit n'étaient pas fatigués, ils proposèrent au jeune garçon, Robert, de se joindre à nous pour aller en boîte, ce qu'il accepta sans problème. Je dois vous dire que j'avais l'air de lui plaire et au fil de la soirée je remarquai qu'il me plaisait également. Il semblait si doux et gentil, et en plus c'était un bosseur donc pourquoi pas tenter ma chance.

On arriva alors en discothèque, prêts comme toujours à aller nous déhancher et nous amuser. On savait qu'avec ce cousin-là, on ne s'ennuyait jamais et qu'on passer de belles soirées. Après quelques heures de folie, chacun rentra chez soi, et le garçon en question m'écrivit un message de bonne nuit, et à ce moment-là, tout se déclencha. Je passai alors une douce et paisible nuit avec des petits papillons dans le ventre.

3- Le chien malvenu

Un mois après, j'avais tout pour être heureuse, un bon job où je m'épanouissais, de belles études qui me plaisaient, un copain formidable que j'aimais beaucoup mais il me manquait mon petit bout de chou, un chien. Maintenant que nous étions bien installés et que tout était en ordre je pouvais me permettre de ramener une petite boule de poil à la maison. Je discutai donc avec Emma, ma chère et fidèle sœur adorée, et pris la décision d'aller chercher ce chien qui m'attendait depuis deux mois dans un élevage en France. J'avais eu plusieurs échanges avec l'éleveuse et elle m'avait dit que tout de façon les chiots étaient censés rester en tout cas deux mois avec leur maman pour le sevrage et qu'après je pourrais le récuperer. Donc c'était le timing parfait !

Le lendemain matin, je me réveillai de bonne heure et super motivée, puis je demandai à ma sœur, ma cousine et mon voisin de m'accompagner pour aller cherche la petite bête tant attendue. Une demie heure après, tout ce petit monde était chez moi pour partir chercher mon futur bébé. Après 2h de route, arrivés à ce bel élevage plein d'animaux de toute sorte, l'éleveuse vint nous accueillir très chaleureusement. Elle était très gentille et serviable et surtout elle connaissait son métier. Elle me donna plein de conseils très utiles et les papiers du chien, dont le passeport, le carnet de vaccination et la carte d'identification pour que je n'ai pas d'ennuis à la douane. Elle me montra en suite Spike et je tombai directement amoureuse de lui, comme un coup de foudre au premier regard (oui oui j'avais déjà choisi le nom). C'était le seul à ne pas vouloir partir, c'était déjà un petit peureux, mais je savais que j'allais lui donner assez d'amour pour qu'il se sente en sécurité et dans une bonne famille qui l'aimerait beaucoup. L'éleveuse me souhaita bonne chance avec le nouveau membre de la famille et on reprit le chemin de la maison.

Arrivés à la maison, ma mère était déjà là, couchée sur le canapé en regardant la télévision. Quand j'ouvris la porte de la maison et qu'elle aperçut Spike, notre nouveau compagnon à 4 pattes, elle resta choquée de voir ce petit être mais le trouva tellement mignon qu'elle le prit directement dans ses bras et ne voulait plus le lâcher. Maman se faisait quand même du souci pour notre père qui pourrait ne pas réagir autant bien qu'elle, mais pour le moment elle profitait de Spike et le câlinait avec beaucoup de tendresse. Il était apaisé et s'endormit aussitôt vers maman. L'éleveuse nous avait prévenu qu'à cet âge, il passerait beaucoup de temps à dormir et qu'il ne faudrait pas trop le stimuler ou faire de trop longues balades avec lui.

Et voilà que mon père arriva, curieux d'entendre ce qu'il se passait dans la pièce d'à-côté, il ouvra tout doucement la porte du salon, et là ce fut la douche froide ! Il devint tout rouge et s'énerva car je ne l'avais pas averti que j'allais chercher ce chien (malgré mes différentes tentatives, je ne lui avais pas clairement dit que sa venue était officielle, il ne me prenait donc pas au sérieux). Je n'avais surtout pas eu le courage de lui dire la vérité mais voilà, maintenant c'était fait et je ne pouvais pas revenir sur mes pas. Après m'avoir gueulé dessus pendant 5 bonnes minutes, il me donna deux options. Soit je devais rendre le chiot à l'élevage, soit je devais quitter la maison avec mon petit compagnon et me débrouiller toute seule. Vous imaginez bien que je choisis la deuxième option, têtue comme je suis et décidai de quitter la maison sur le champ. Je montai dans ma chambre préparer mon sac de voyage, sûre de mon acte, et j'entendis ma sœur prendre ma défense, mais en vain. Elle me soutint et alla également préparer ses affaires pour partir avec moi car elle n'était pas d'accord avec la décision de mon père. On n'avait aucune idée où aller ni chez qui, puis ma sœur me proposa d'aller squatter notre ancien appartement, elle m'avoua qu'elle avait gardé les clés sans que personne ne sache. Ce n'était pas très légal mais nous voulions juste avoir un toit sûr où nous pourrions emmener notre chien. Un ami à ma sœur vint alors nous chercher et nous partions pour une nouvelle aventure, mais cette fois-ci, moins sûre que celle de ce matin.

Arrivés sur place, on eut un petit brin de nostalgie, on n'aurait pas pensé retourner si vite dans notre ancienne demeure. Si nos parents le savaient ils nous auraient fait la peau, mais on décida de ne plus leur donner de nouvelles. On mit en place nos affaires et on se prépara un petit coin pour dormir. Cela faisait tout bizarre mais on était prêtes à tout pour rester avec Spike et qu'il puisse recevoir tout l'amour nécessaire.

Une semaine s'était écoulée après cette mésaventure, et c'était très dur. Nous devions nous débrouiller pour nous occuper du chien, tout en travaillant et en faisant à manger (chose pour laquelle nous étions très très très nulles). Cela créa beaucoup de disputes et de tensions entre ma sœur et moi, ce qui n'était pas super et agréable pour Spike qui ne comprenait pas ce qu'il se passait, surtout qu'il était de nature peureuse donc on devait faire attention à ne pas lui faire vivre un traumatisme avec nos querelles. Heureusement un ami vint nous aider et en plus, on avait beaucoup de chance car sa maman nous préparait des Tupperware avec de la nourriture. Nous avons tenu ainsi quelques jours mais en réfléchissant à la gravité des choses, nous avons vite craqué et décidâmes de retourner à la maison auprès de nos parents et d'une vie plus confortable, ainsi que pour le chien, surtout que mes parents avaient un grand jardin où il pourrait être bien plus heureux qu'enfermé entre 4 murs.

On appela alors un ami en lui expliquant la situation et il vint aussitôt nous chercher. Mais ce retour n'était bien évidemment pas sans conséquences. Mon père qui nous attendait assis tranquillement sur le canapé, accepta notre venue avec Spike mais à une seule condition, nous devions aller les aider, lui et ma mère, dans leur restaurant familial tous les weekends ! Bon, ce n'était pas cool et on aurait préféré pouvoir dormir et profiter avec le chien pour faire des balades ou même sortir avec nos amis le soir, mais du moment qu'on pouvait garder notre chien, on ne pouvait refuser cette offre qui nous permettrait d'offrir un meilleur avenir à notre chien. En plus, Spike avait l'air d'aimer notre père et lui de même donc pourquoi ne pas tenter cette chance ? Et c'est exactement ce qu'ont fit.

4- La remise en question professionnelle

Voilà quelques mois que j'avais commencé cette haute école d'économie d'entreprise tout en ayant mon poste d'employée de commerce à côté mais je ne me sentais plus autant motivée qu'au début. Mes résultats montraient également très objectivement ma baisse de motivation car ils se dégradaient peu à peu. Je me demandais si je devais vraiment poursuivre cette école pendant les trois prochaines années de ma vie ou changer complétement de voie et tout quitter. Je me remettais beaucoup en question car j'avais essayé plusieurs métiers dans différents domaines mais aucun ne semblait vraiment me plaire, j'étais perdue…

Oh lala comment j'allais annoncer cela à mes parents, et à mon employeur, qui étaient si fiers de me voir me former d'arrache-pied pour avoir une belle carrière dans mon futur. Mais je me devais de trouver une solution afin d'avoir un parcours qui me plaise et où je puisse m'épanouir, ce qui n'était pas du tout le cas en ce moment.

J'étais en classe ce mardi-là et discutai de mon ressenti avec une camarade qui était également une copine d'enfance. Alice me suggéra de tout arrêter et de suivre mon intuition, elle voyait très bien que j'étais malheureuse et que ce n'étais pas du tout mon domaine. Elle me conseilla de me tourner plutôt du côté social car elle savait que j'étais une personne bienveillante et qui aimait aider les autres donc ce serait parfait pour moi. De plus, elle connaissait bien ce milieu car elle avait de l'expérience là-dedans et elle était certaine que ça allait me plaire. Elle me fit également remarquer que si je continuais cette école ce serait vraiment dommage car j'allais gâcher des années de ma vie à faire quelque chose que je n'aime pas alors que je pourrais débuter une formation dans un autre domaine où je serais heureuse et qui me servirait dans mon futur.

J'y réfléchis toute l'après-midi et arrivée à la maison, je discutai avec mes parents de toute cette problématique et surtout de mon ressenti face à cette situation. Ma mère me soutenu et comprenait totalement ce que je vivais, elle-même aurait voulu devenir infirmière mais malheureusement ces parents n'avaient pas les moyens nécessaires pour lui payer une école. C'est pour cela qu'elle commença à travailler dans l'hôtellerie depuis son plus jeune âge et ne put poursuivre son rêve. Du côté de mon père, c'était plus compliqué, il ne comprenait pas pourquoi je changeai à chaque fois de voie sans trouver mon bonheur, je pense qu'il ne voulait pas que je devienne comme certains jeunes qui ne font rien de leur vie, se lèvent à midi et dépendant encore de leurs parents jusqu'à 30 ans. Il me fit aussi remarquer que lui et ma mère travaillaient depuis des années pour nous construire un beau futur, à ma sœur et moi, et que je devais bien réfléchir à ce que je voulais. Mais il ne s'y opposa pas non plus et me laissa une porte ouverte.

Après un temps de réflexion, je me dis que j'avais meilleur temps de finir mon année scolaire tout en recherchant déjà quoi faire à la fin du semestre. Je me concentrai et cherchai dans quel emploi au niveau social pourrais-je me lancer et surtout qu'est-ce qui me plairait et où je serais heureuse et épanouie. Une idée me vint à l'esprit, j'aimais bien les challenges et celui-là allait être énorme car il me permettrait de vaincre ma phobie ! Et c'est là que vous vous dites mais de quoi elle parle, on a raté un chapitre ? Non, enfin si, sûrement un traumatisme que j'ai eu durant mon enfance. Je vous explique :

Quand j'avais 4 ans, j'ai attrapé une très grande pneumonie car je n'avais pas écouté ma maman et avait joué toute l'après-midi dans une flaque d'eau alors que les températures étaient basses. J'avais donc pris froid et tout se déclencha par la suite. Comme je n'étais pas du tout bien, mes parents m'emmenèrent à l'hôpital où je restai une semaine et ai failli ne pas survivre à ce malheureux épisode. En plus de ça, quand je suis sortie de l'hôpital je devais encore faire un traitement qui consistait à respirer dans une grosse machine pour pouvoir aider mes petits poumons à aller mieux. Je peux vous dire que je me souviens encore de cette odeur 18 ans après. Donc je ne sais pas si ce fut cet évènement qui déclencha ma phobie ou autre chose, mais je trouvais les hôpitaux horribles, un endroit angoissant et glauque ! Et j'avoue également que je n'ai jamais dû me faire opérée donc ça ne m'aidait pas à améliorer ma vision de ce genre d'établissement.

Je débutai alors mes recherches et me renseignai sur les postes disponibles et quelle formation entreprendre pour me perfectionner dans le domaine médical. L'hôpital de mon ancienne ville offrait beaucoup d'emploi mais bien sûr tous demandaient de l'expérience, chose que je n'avais pas. Je décidai de postuler quand même, ne sait-on jamais et en même temps m'inscris à l'école de formation pour les secrétaires médicales. Je fus directement acceptée pour la formation mais restai toujours sans emploi dans le médical car je ne recevais que des réponses négatives...

Je pris alors mon courage à deux mains et écrivis au responsable du service dans lequel j'étais intéressée à travailler. C'était celui de la médecine interne, mais ça touchait également la cardiologie, la neurologie et l'oncologie. Des services très intéressants où je pourrais en apprendre davantage sur le métier. Je lui expliquai ma situation et fis part de mon inscription à l'école. J'avouai aussi être prête à débuter un stage afin de gagner en expérience, même sans rémunération. Et là, surprise ! Il accepta directement ma proposition et me donna rendez-vous afin de mieux discuter de cette future expérience. Il vit surtout ma détermination et ne pouvais pas laisser passer cette opportunité.

Une semaine après, j'étais convoquée dans son bureau. Cela se passa comme sur des roulettes, il était ravi de ma motivation et persévérance. Il m'affirma que c'était rare de trouver des jeunes aussi professionnels et déterminés que moi. Il m'engagea sur le champ et me présenta déjà les locaux et les tâches que j'allais pouvoir apprendre. J'étais ravie et très heureuse.

Après 2h d'entretien et de visite, le plus difficile fut de dire à mon employeur que je devais quitter mon emploi et donc son entreprise. Je travaillai pour lui depuis 2 ans et l'appréciai beaucoup. Il me traitait toujours avec respect et reconnaissance. Je me sentais très bien dans son bureau mais voilà mon taux de travail était très bas et je voulais évoluer vers de nouveaux horizons. Je lui demandai alors un entretien pour le jour d'après, qu'il accepta sans problèmes.

Le lendemain, je pris place dans son bureau où il m'attendait déjà, angoissant de ce que j'allais lui dire. Je lui expliquai alors tout ce que j'avais sur le cœur et lui parlai du changement que je voulais entreprendre. A ma plus grande surprise, il me soutenu avec une larme à l'œil en me faisant part de tous les bénéfices que je lui avais apporté et que sa porte resterait toujours ouverte pour un éventuel futur poste. Il était vraiment content pour moi et de ce que j'avais pu dégager que ce soit dans mon travail ou par ma personnalité. Je le remerciai du fond du cœur et souhaitai également tout le meilleur pour son futur et son entreprise.

Et c'est ainsi qu'une page se tourna dans mon chapitre professionnel.

5- Le coup de foudre inattendu

C'était un dimanche ensoleillé d'été, il faisait chaud et le ciel n'avait pas un seul nuage. J'étais dans mon jardin avec ma sœur et notre copine, Nadine, en train de profiter du beau et bon temps sur nos chaises longues super confortables. Elles s'amusaient à me demander quand c'est que j'allais me marier et quitter le cocon familial, que c'était le moment et que si j'attendais trop j'allais finir vieille fille. A vrai dire, et pour être très honnête avec vous, l'histoire avec le jeune Robert n'avait pas duré long, comme toutes mes histoires de cœur d'ailleurs qui ne dépassaient pas une année, donc elles savaient que ce sujet me fâchait au plus haut point et que je préférais faire la sourde oreille. Je rêvai et souhaitai bien sûr trouver la bonne personne, de me marier avec l'homme parfait, d'avoir des enfants avec lui et tout ce qu'on peut lire dans un comte romantique, mais malheureusement ce n'était pas du tout le cas pour le moment. Pour se faire pardonner, Nadine, apprentie coiffeuse, me proposa de me colorer les cheveux en brun foncé car elle savait que je voulais cacher ma couleur naturelle qui était le blond, et j'adorais quand elle me le faisait car elle a vraiment un don pour la coiffure. J'acceptai bien sûr sa proposition avec grand plaisir et ma colère redescendu aussi vite qu'elle était montée.

Pendant que la belle couleur brun chocolat agissait dans mes cheveux, je reçu un message sur mon portable. C'était Mathieu, un jeune homme avec qui j'avais fait connaissance sur les réseaux sociaux, mais sans plus, à vrai dire j'étais plus intéressée à rencontrer sa chienne que lui-même. Il me proposait alors de faire une balade avec nos deux chiens au bord de la rivière car il faisait super beau et il voulait profiter d'un moment avec moi. Au début j'hésitai, puis je pensai à Spike et me dit que ça ne pourrait que lui faire du bien une nouvelle copine, en plus elle était trop mignonne avec sa couleur fauve clair et son petit museau tout noir, donc j'acceptai sa proposition et me réjouissait d'ores et déjà. Je lui donnai rendez-vous une demie heure après à la gare car il ne connaissait pas la région et je ne voulais pas qu'il se perde en chemin.

J'en fis part à mes deux mistinguettes qui étaient avec moi. Nadine s'empressa de rincer la couleur de mes cheveux, elle était davantage excitée que moi pour ce « rencard », si on peut dire ça comme ça, même si je la voyais se pincer les lèvres afin d'éviter de me refaire des petits commentaires déplaisants. Et ma sœur alors, Emma, sautait comme une folle dans tous les coins de la maison, elle se réjouissait tellement pour moi et espérait que ce soit le bon cette fois. Je les avertis de ne pas se réjouir trop vite car j'y allais uniquement pour le bonheur de mon chien et que le reste était secondaire, il ne m'attirait pas plus que ça et j'étais simplement ravie d'avoir trouvé de la compagnie pour mon chien Spike, c'est tout. J'allai me regarder au miroir pour contempler ma nouvelle couleur et comme d'habitude j'étais trop contente du résultat, mise à part quelques petits incidents de teinture sur mes oreilles et au tour de mes sourcils (j'avais demandé à Nadine de m'en mettre sur les sourcils mais elle avait un peu dépassé les bords donc je me retrouvais avec des tâches de couleur). Bon ce n'était pas grave, je pris des lunettes de soleil pour essayer de les dissimuler et me préparai pour sortir.

- Louise tu ne vas tout de même pas sortir dans cet état pour un premier rendez-vous ! s'exclama Emma.
- Bah quoi ? Je me trouve cool moi, et je répète, je vais promener les chiens pas draguer je ne sais qui. L'important c'est le confort, le reste c'est secondaire.
- Oui mais bon, tu abuses un peu, entre tes tâches de teinture, tes pantoufles de chambre noir velours et ton chignon pas du tout coiffé, tu vas lui faire peur il ne voudra même pas aller se balader avec toi ! Il aura honte et trouvera une excuse pour parti hahaha !
- Hé bah ma fois, il n'aura qu'à partir, ce n'est pas mon problème et je m'en fiche !
- Après il ne faudra pas te plaindre quand tu seras encore célibataire à 50 ans.
- Blablabla…

Nadine explosa de rire et me souhaita bonne chance avec un petit sourire comme pour dire « prends ton temps ».

Je suis alors partie avec Spike pour aller rejoindre Mathieu et Api à la gare. Quand j'arrivai sur place, je vis qu'ils étaient déjà là en train de nous attendre, bon au moins il était très ponctuel, c'était déjà un bon début et un bon point pour lui car je ne supportai pas d'attendre sur les gens, je n'ai aucune patience. On se salua avec une bise et on laissa nos chiens se renifler (oui oui c'est la mode de salutations des chiens). Je lui proposai d'aller nous promener dans les champs et au bord de la rivière pour pouvoir les laisser en liberté sans devoir les tenir en laisse et pour qu'ils puissent se rafraichir. Il accepta, en même temps il n'avait pas trop le choix car il ne connaissait rien ici et devait se laisser guider.

Nous voilà partis en promenade les 3, par un beau temps ensoleillé. Au début, c'était un peu gênant car c'était la première fois qu'on se voyait donc il y avait quelques blancs dans nos discussions, mais très vite le feeling est arrivé et je me suis dit que ça pourrait peut-être matcher entre nous, bon je ne voulais pas me faire de faux espoirs mais ne sait-on jamais. On parla de tout et de rien, allant de la religion à la culture et de nos familles et en passant par l'éducation de nos chiens, que de sujets intéressants et passionnants. Il me paraissait intelligent et très mature, et surtout il savait ce qu'il voulait dans la vie, pas comme la plupart des jeunes de notre âge qui sont perdus et ne progressent pas. Je me demandai si je lui intéressais également ou s'il avait remarqué mes tâches et mon laisser-aller, mais il ne semblait pas perturbé par toutes ces choses, bien au contraire il ne me fit aucune remarque à propos de ça. Il me taquinait beaucoup et paraissait intrigué par ma personnalité. Quand il regarda sa montre, 3h s'étaient écoulées et nous n'avions même pas remarqué le temps passé. Je lui fis comprendre que je devais gentiment rentrer et que c'était sympa d'avoir partagé un moment en sa compagnie et celle d'Api. Il était également du même avis. On se dit au revoir et chacun parti de son côté.

A peine j'arrivai à la maison, qu'il m'avait écrit qu'il souhaitait me revoir, si je le voulais bien. Woaw comme quoi, c'est dans les moments qu'on s'attend le moins que les choses arrivent. J'acceptai avec grand plaisir et senti un petit pincement au cœur, ou serait-ce des papillons dans le ventre ? Peu importe, j'avais le sentiment d'avoir trouvé le bon et ça c'était magique !

6- Les vacances exceptionnelles

Deux semaines s'étaient écoulées après la connaissance de Mathieu, je commençais à l'apprécier de plus en plus et à tomber amoureuse, mais voilà que je devais me séparer de lui pour partir en vacances. Oui je me réjouissais bien sûr d'aller voir ma famille dans mon beau pays qui est le Portugal, d'y manger de bons petits plats succulents et surtout de profiter du soleil et des températures élevées dans ce pays latin, mais, d'un côté, ça me brisait le cœur de devoir quitter mon nouveau amoureux avec qui j'avais débuté une très belle aventure et à qui je m'étais très attachée. De plus, il ne m'aidait pas à partir le cœur léger, car il me faisait culpabiliser en disant que ça serait long deux semaines loin de moi, et que si on se serait connus avant, on aurait pu partir ensemble dans ce lieu si beau et profiter de passer de merveilleuses vacances. Je me retrouvai donc dans un grand dilemme, soit tout annuler pour passer mes vacances ici près de lui mais loin de ma famille et tout ce que j'ai cité, soit, je prenais le temps d'aller m'aérer l'esprit et de profiter de temps pour moi tout en laissant mon cœur ici, avec Mathieu.

Je choisi donc la première option avec le cœur serré mais je ne pouvais pas rater cette occasion, cela faisait des mois que j'attendais de pouvoir partir pour pouvoir respirer et me reposer donc je ne me voyais pas rester ici dans la routine de tous les jours et surtout loin de ma famille. Je lui fis part de ma décision tout en lui expliquant pourquoi je tenais tant à partir, et à ma plus grande surprise, Mathieu me proposa de me rejoindre là-bas (on avait une semaine de vacances en commun et ça tombait droit sur ma 2e semaine de vacances). J'étais aux anges, je n'y croyais pas mes oreilles. Cela me faisait tellement plaisir et surtout ça confirmait qu'il tenait vraiment à moi pour venir me rejoindre à 2'000 km d'ici alors qu'on se connait depuis peu. Je lui répondis bien sûr qu'il était le bienvenu et que je l'attendrai avec impatience. Je ne vais pas vous mentir que j'avais un petit doute qu'il vienne vraiment, on ne se connaissait que depuis deux semaines et qui est la personne qui va rejoindre sa bien-aimée autant loin après si peu de temps. Mais bon, l'espoir fait vivre donc j'avais une petite lueur et me réjouissais d'avance de le voir arriver dans mon pays et qu'on puisse davantage se connaître pendant cette semaine qui nous serait très bénéfique.

Le grand jour arriva, et avec le cœur serré et un peu de mélancolie, je préparai mes valises et m'apprêtais à partir dans les heures qui suivaient. Mathieu me proposa de m'accompagner à la gare avec sa chienne, Api. Je savais que ça allait être un moment fort en émotions et triste mais je me disais que c'était juste une semaine d'absence et que ça allait passer très vite. J'eus à peine le temps de finir ma valise, qu'il était déjà là. Arrivés à la gare, il me fit un gros câlin et un bisou et me promis de me rejoindre au plus vite et que je ne serai pas déçue, qu'il tiendrait sa parole. Je caressai une dernière fois Api, sa chienne toute mignonne et gentille, et leur dit au revoir. Quel dur moment, ça me déchirait le cœur mais c'était mon choix...

J'arrivai enfin dans mon beau pays après 2h30 de vol, avec un brin de nostalgie mais une grande excitation. Mon oncle m'attendait déjà à l'aéroport et c'était toujours une grande joie quand je le voyais. J'avais un lien très fort avec lui car il m'aimait et me protégeait comme sa fille. J'allais passer une semaine avec lui et ma marraine en ville pour après redescendre dans mon village. C'était également plus simple d'attendre Mathieu dans la région, car il fallait 3h de route pour arriver à mon village. Sans compter qu'il n'y a quasi que des virages et que ce n'est pas très agréable de faire un voyage dans ces conditions.

Je profitai alors de cette semaine avec ma famille en allant à la plage prendre des bains de soleil, en faisant du shopping afin de remplir ma garderobe et en mangeant de délicieux plats faits maison et locaux. Je parlai avec ma marraine de tout et de rien et lui racontai ce qui avait changé depuis notre dernière rencontre. On restait jusqu'au petit matin à se raconter nos histoires, mon oncle s'endormait souvent sur le canapé, c'était des conversations de femme comme il disait donc ça ne l'intéressait pas plus que ça. Bref, je passais une semaine extraordinaire avec eux et me sentais déjà triste de devoir les quitter en sachant que je les reverrai que l'année prochaine. Mais c'est aussi pour cela que je profitais de chaque seconde que je passais avec eux.

Samedi arriva à grands pas. Je me réveillai avec agitation, c'était le grand jour, Mathieu arrivait enfin au Portugal. Je devais aller le chercher à l'aéroport pour qu'on aille passer notre semaine de vacances dans mon magnifique village situé au centre du pays. Je me préparai cette fois bien mieux que lors de notre première rencontre (cf chapitre 5) en choisissant soigneusement mes habits, ma coupe et mon maquillage. Je me parfumai également avec une eau de toilette sucrée qui me donnait encore plus l'air pétillante et fraiche. L'heure arriva, mon oncle et ma marraine m'accompagnèrent à l'aéroport et je leur dis au revoir avec le cœur serré et une larme à l'œil en me réjouissant déjà de l'année prochaine pour les revoir.

Après une demie heure, le voilà qui arriva tout beau et tout souriant comme à son habitude. Il était très heureux de me rejoindre ici, et moi encore plus qu'il soit venu jusqu'ici pour être avec moi. Quelle preuve d'amour, il ne m'avait pas déçu ! Nous avons donc pris la voiture que j'avais loué à l'aéroport et sommes partis pour faire les 3h de route jusqu'à mon village.

On dû s'arrêter tout de même quelques fois sur le chemin, car Mathieu n'avait pas l'habitude des virages et avait envie de vomir...

Arrivés là-bas, je lui fis visiter le lieu et on alla également voir ma famille, dont mes grands-parents et ma tante, la sœur à mon père. Tous aimèrent beaucoup mon copain et on passa un bon et agréable moment tous ensemble. Cela faisait du bien de se ressourcer auprès de sa famille, surtout que je ne les voyais qu'une fois par année et que c'était très peu, surtout quand on voit nos grands-parents prendre de l'âge et qu'on ne sait pas si l'année d'après on les reverra.

Mais voilà, une semaine s'était écoulée, et c'était déjà notre dernier jour. On s'était amusés comme des petits fous, on avait fait du kayak sur le fleuve, on avait parcouru des chemins dans des lieux improbables mais surprenants, on avait très bien mangé mais surtout on avait appris à se connaître beaucoup mieux, et c'était comme si cela faisait 10 ans qu'on était en couple. On ne savait pas quoi faire de notre dernière journée, je lui proposai alors de juste profiter des rayons de soleil couchés sur le sable en écoutant de la bonne musique et en sirotant des cocktails. Il adora cette proposition et c'est ce que l'on fit. Après cette belle et longue journée, on alla manger notre dernier souper dans un restaurant familial du village, où tout est fait maison avec des produits locaux. Un vrai régal ! Après tout cela, on rentra pour faire notre valise et nous coucher car le lendemain on avait un vol très tôt. Et c'est ainsi que nos merveilleuses vacances, et surtout premières vacances en amoureux, prirent fin, d'une très belle manière...

7- Les soucis d'amour

L'été était passé à grands pas et on arrivait à la plus belle saison qui est pour moi l'automne. Certes niveau température je préférais l'été, mais les belles feuilles orange et jaune qui tombaient en automne et les magnifiques paysages avec de sublimes rayons de soleil me faisaient du bien. Il n'y avait que ce petit air froid qui n'étais pas encore glacial qui me dérangeait un petit peu mais au moins il nous permettait de nous rafraichir et ce n'était pas plus mal.

Ce matin-là, je me levais du lit en mode pensive et perplexe tout en me remettant en question dans le plus profond de mon être. Et si j'étais aller trop vite dans ma relation amoureuse, et si ce n'étais pas ce que je voulais pour mon futur, et si je devais tout terminer et devenir célibataire, et si ce n'était pas le bon, et si... Stop ! Je devais réfléchir intelligemment à mes pensées avant de prendre une décision trop hâtive qui me ferait regretter mon choix à vie. Cela faisait des années que je recherchais l'amour et une relation stable dans laquelle je m'épanouirais, mais voilà que je voulais déjà tout gâcher en quelques minutes de réflexion. Qu'est-ce qu'il se passait en moi, avais-je un problème ou étais-je faite pour être seule ? Je ne sais pas, mais je devais vraiment prendre la bonne décision.

Je me préparai alors un bon café avec du sucre et du lait comme je les aime, et me posai dans le jardin au soleil, pour pouvoir y penser à l'air pur et au son des chants des oiseaux. Cela m'apaisait et m'apportait des idées plus claires que celles que j'avais en me réveillant. Si j'avais tant de réflexions c'est que je m'étais aperçu que Mathieu n'était pas si parfait, il m'avait beaucoup déçu ces derniers temps et ce n'était pas la personne que je croyais connaître. En plus, le peu de fois où j'avais essayé d'en discuter avec lui, il était clairement fermé à toute discussion et ne voyait pas où était le problème. Pire encore, il s'énervait et retournait la situation contre moi, c'était toujours tout de ma faute et lui n'avait rien à voir là-dedans. Je créais des problèmes là où il n'y en a pas me disait-il. Impossible de lui faire revenir à la raison. Je ne comprenais pas pourquoi avait-il fait autant d'efforts au début de notre relation pour ensuite me traiter comme une personne quelconque. M'aimait-il vraiment ? Avait-il trouvé quelqu'un d'autre ? Ou tout simplement commençait-il à m'aimer et avait peur d'entamer quelque chose de nouveau pour après être blessé dans le futur ? 1000 Questions venaient envahir mon cerveau et je n'arrivais pas à m'en sortir seule. C'était trop compliqué...

Je décidai alors d'appeler Alice, mon amie que je n'avais pas vu depuis que j'avais quitté l'Haute École de Neuilly, pour qu'elle me donne ses précieux conseils de couple. Alice était en couple depuis quelques années et connaissait bien les astuces d'une relation saine et durable. Elle savait s'y faire et m'avait toujours guidé dans chaque étape de ma vie avec des conseils que personne ne m'avait jamais donné. Elle était une vraie amie car elle ne disait pas les choses juste pour me faire plaisir, elle m'ouvrait vraiment les yeux et m'obligeait à faire une introspection sur moi-même afin de résoudre le problème de la meilleure façon. Donc, je composai son numéro en espérant de tout cœur qu'elle pourrait m'aider à nouveau, et elle me répondit de suite :

- He Louise ! Comment vas-tu depuis tout ce temps ?
- Salut Alice ! Écoute ce n'est pas trop la grande forme. Et toi ?
- Je vais bien merci. Oh lala qu'est-ce qui a bien pu se passer pendant tout ce temps ? J'espère que ce n'est rien de grave.

Et je lui expliquai en résumé tout ce qui c'était passé avec Mathieu depuis notre rencontre, et surtout je lui parlai du comportement de mon copain qui me blessait tant et m'empêchait de poursuivre dans cette situation si délicate. Elle comprit vite ce qui se passait, c'est ce qui me plaisait chez elle, elle me connaissait déjà très bien et avait toujours une réponse à me donner.

- Bon Louise, je vois très bien de quoi tu me parles et te comprends, j'ai quelques conseils à te donner mais si tu veux que ça marche, il va falloir y mettre aussi du tien car je sais que tu n'as pas un caractère très facile et que ça peut créer des tensions supplémentaires. Certes, tu es une fille géniale qui mérite un gars en or, mais une relation c'est à deux, donc vous devez les deux travailler sur votre couple pour que ça fonctionne, sinon vous allez droit à la rupture ! Je suis désolé d'être si directe mais tu sais comment je suis.
- Merci beaucoup pour ton aide et compréhension Alice, je t'écoute très volontiers.
- Alors pour ta part, tu dois arrêter de prendre tout à cœur ce qu'on te dit et lâcher prise, te relaxer, ne pas te prendre la tête quoi surtout pour te protéger. Je sais que c'est difficile mais c'est ce qu'il y a de mieux pour toi et ton petit cœur, sinon tu souffriras beaucoup dans cette relation et tu seras malheureuse. Et pour sa part, honnêtement, si j'étais à ta place je lui ferais exactement la même chose qu'il me

ferait pour qu'il comprenne ce que tu ressens et comment il te blesse avec son comportement. Il te traite bien, tu le traites bien, il te traite mal, tu le traites deux fois pire, histoire de bien le toucher là où ça lui fait mal. Tu verras que ça va lui faire un tilt dans son cerveau et qu'il se dira « mais attends, qu'est-ce qu'il se passe, je vais la perdre si je continue, il faut que je la valorise avant que ce ne soit trop tard ». Tu comprends et vois où je veux en venir ?

- Hm, très très bonne tactique Alice. J'avoue que je n'y avais jamais pensé alors que cela me parait tout simple. Enfin simple dans la théorie mais j'attends de voir dans la pratique. Mais je n'ai pas le choix si je veux améliorer cette relation et arrêter de souffrir. J'espère que cette tactique fonctionnera et qu'il se rendra compte...
- Ne t'inquiète pas, je suis là pour toi à n'importe quel moment. Et s'il n'y a toujours pas de changement ou qu'il ne réagit pas d'ici quelques semaines, alors là je suis désolé pour toi mais il faudrait peut-être mettre un terme à ta relation. Je sais que c'est dur mais tu ne vas pas gâcher ta vie avec quelqu'un qui ne te respecte pas et ne te donnes pas la valeur que tu mérites n'est-ce pas ?
- Oui c'est exactement ça, tu as totalement raison ! Merci de m'avoir éclairé en tout cas et pour tous tes conseils si précieux. Je te retiens au courant de l'avancée des choses. Et espère pouvoir te donner des nouvelles positives.
- Avec plaisir ma petite Louise. Bon après-midi !
- Merci à toi aussi !

Et aussitôt, je raccrochai avec Alice que je mis en place ce qu'elle venait de me dire. J'étais déterminée à changer les choses et à me battre pour ce que je voulais et méritais. Fini le cœur tendre et mou d'une jeune femme qui se laissait faire et qui était souvent blessée, et je laissais place à une personne plus forte et avec de la valeur qui se respecte et sait ce qu'elle veut.

Après même pas une semaine, je remarquais un énorme changement dans ma relation amoureuse. J'en étais stupéfaite et n'y croyais pas mes yeux ! Comment en si peu de temps j'avais réussi à retourner la situation à mon avantage rien qu'en agissant différemment avec de petits détails. En plus de ça, je me sentais plus forte, plus heureuse et surtout avec une plus grande estime de moi. C'était fabuleux cette sensation, d'avoir enfin le pouvoir et d'être respectée pour ce que je suis. J'aurais dû agir de la sorte depuis le début mais c'est avec nos erreurs qu'on apprend n'est-ce pas ?

Mathieu de son côté, se posait beaucoup de questions à mon sujet. Il se demandait même si j'avais trouvé une autre personne dans ma vie pour que j'agisse si différemment. Bien sûr je restai mystérieuse et le laissai dans le flou afin qu'il réfléchisse vraiment à ce qu'il voulait dans sa vie et qu'il me valorise. Il me demanda alors d'avoir une conversation sérieuse au plus vite. Je sentais bien qu'il se faisait du souci et surtout qu'il tenait véritablement à moi pour être autant préoccupé par ce « petit » changement. J'acceptai bien évidemment le rendez-vous et lui proposai qu'on aille se promener vers chez moi pour en parler tout en marchant (apparemment ça nous aide à mieux nous exprimer, et bien évidemment, ce fut le cas).

Après moins d'une heure il était là, tout nerveux en se mordillant les lèvres, avec un regard triste et apeuré. Moi bien sûre, j'étais fière de moi d'avoir pu lui faire ouvrir les yeux mais je me sentais également un peu coupable de le voir dans cet état. Après tout, sans son comportement négatif, nous ne serions jamais arrivés là donc je me devais d'être forte et de lui tenir tête pour qu'on soit au même niveau et pour qu'on puisse construire notre relation sérieusement et avec respect.

Pendant quelques minutes, c'était le silence absolu, un mélange de gêne et d'angoisse s'était immiscé entre nous. Il s'imaginait le pire et me voyait déjà lui annoncer que je le quittais, et moi je ne savais pas vraiment par où commencer avec tout ce que j'avais sur le cœur. Je décidai alors de briser la glace en lui demandant ce qu'il avait à me dire et surtout pourquoi il tenait autant à me voir si rapidement pour discuter. Il assuma qu'il n'avait pas été à la hauteur de mes attentes ces derniers temps et s'en excusait. Il avait pour habitude qu'on le quitte ou qu'on pleurniche derrière lui, ce qui n'étais pas mon cas. Du coup mon comportement l'avait touché et il s'était rendu compte que je n'étais pas comme les autres. De plus, j'étais la seule qui avait su lui tenir tête, ça aussi c'était inconnu chez lui. Mathieu avoua également qu'il avait peur et que c'était pour cela qu'il mettait des freins à notre relation. Il avait peur que je lui fasse du mal ou qu'il s'attache à moi et que j'en profite pour le quitter. Je lui expliquai bien sûr que ce n'était de loin pas le cas et que je tenais juste à être respectée de la même manière que moi je le respectais. Il me promit de s'améliorer et de faire de son mieux pour que notre couple puisse aller de l'avant. Ces mots me firent très plaisir et me redonnèrent espoir. C'est clair que j'avais toujours un petit doute en moi qui attendait de voir les actions de Mathieu, car avec les paroles c'est facile, mais c'est bien évidemment les actes qui comptent le plus.

Et depuis ce jour-là, il prit vraiment conscience de ce qu'il risquait de perdre et modifia jour après jour son comportement. Il ne voulait pas que je le quitte et pour ce faire, il devait agir comme un grand garçon, ce qu'il fit parfaitement, ou du moins, il essayait. J'étais heureuse !

8- Le grand départ

Deux mois s'étaient écoulés après la grande discussion avec Mathieu et nous étions très heureux et amoureux. Il avait effectivement fait de grands changements très positifs et je me sentais tellement bien avec lui, j'étais vraiment amoureuse et lui aussi. Le seul truc qui me titillait et me dérangeait, c'était notre manque d'intimité et de moments à deux. En effet, autant lui que moi, nous habitions encore chez nos parents et c'était compliqué de nous voir dans un espace rien qu'à nous. Financièrement, j'étais très bien, mon stage s'était terminé et mon employeur avait décidé de me garder en tant que secrétaire médicale, je recevais donc un salaire adéquat et surtout stable, que demander de mieux. Cependant, du côté de mon copain, c'était un peu plus compliqué. Il s'était retrouvé sans emploi et n'avait pas les moyens d'assumer un appartement. Certes, il recevait un revenu, mais pas pour se permettre de prendre un appartement.

Je devais donc prendre une décision, soit on continuait à ce rythme sans avoir notre petit nid d'amour et d'intimité, soit je prenais les devants et prenais un appartement à ma charge pour qu'on puisse profiter rien que les deux. Je ne dû pas y réfléchir longtemps, pour moi c'était clair que j'avais besoin de cet espace. Je cherchai alors un bel appartement sur Perly car c'était moins cher qu'en ville et je voulais rester près de ma famille. Je demandai à ma sœur Emma de m'aider car à deux ça irait plus vite. Je savais également que je pouvais compter sur elle et sa discrétion car je ne voulais pas en parler à mes parents avant d'avoir déniché ma perle rare et d'être vraiment sûre de sauter ce grand pas.

Je préparai alors une longue liste d'appartements libres et selon mes critères, puis je débutai mes recherches avec excitation. Très vite, ou plutôt, quelques semaines après, j'obtenu enfin ma première visite. C'était un bel appartement avec une grande chambre, au rez-de-chaussée, doté d'une très jolie petite terrasse et surtout ce qui me plaisait davantage c'était le fait d'avoir la cuisine ouverte sur le salon, j'adorais ça ! En plus c'était dans un nouveau bâtiment donc tout était encore en très bon état et donnait envie d'y venir habiter.

Le jour de la visite arriva enfin. J'étais à la maison avec ma sœur et mon père, ma mère était encore au travail. Je prévenu Emma que l'heure arrivait gentiment et qu'on devait se préparer pour partir. Bien sûr, on inventait une excuse à mon père pour ne pas dire où on allait vraiment afin de ne pas le préoccuper, et oui je redoutais le jour de devoir lui dire car ça irait sûrement le rendre triste mon départ. Enfin bref, j'étais trop excitée et angoissée en même temps, après toutes ces années en famille, j'allais enfin me lancer seule dans une nouvelle aventure, allais-je aimer cette nouvelle vie ? Et mon petit Spike ? Le prendrais-je avec mais serait-ce raisonnable de l'éloigner de mon père qui était devenu presque son maître car je travaillais beaucoup et c'était surtout lui qui s'occupait de mon chien. De plus, leur relation était tellement forte que cela serait égoïste de les séparer. Bon, c'était un détail pour le moment, je devais d'abord être prête mentalement pour cette visite tant attendue.

On arriva avec 5 minutes d'avance mais la dame de l'appartement nous fit rentrer de suite car elle était déjà à la maison. Et là, woaw ! J'adorai ce logement, il était encore mieux que sur les photos et surtout je me sentais tellement à l'aise dedans, comme si c'était déjà le mien. Il était spacieux avec une grande cuisine, la chambre était énorme et la terrasse très charmante. J'étais sous le charme ! Je demandais de suite à la locatrice si elle avait eu beaucoup de visites car je ne voulais pas perdre cette chance, elle répondit par l'affirmative mais qu'aucune n'avait vraiment montré d'intérêt car ils auraient eu besoin d'une chambre de plus... Elle m'encouragea alors de postuler rapidement pour son appartement car j'avais tous les critères et elle était sûre que l'agence immobilière accepterait mon dossier. Je demandai encore à ma sœur ce qu'elle en pensait et elle était ravie, elle se voyait même déjà venant me visiter les weekends ou le soir après le travail. Je pris alors un formulaire et promis de lui donner des nouvelles très rapidement.

Emma et moi, on rentra à la maison toutes excitées et on se réjouissait déjà avant même de savoir si l'appartement me serait attribué, mais on gardait espoir surtout après les paroles de la locatrice. Par contre, je me posai la question si c'était possible de n'avoir fait qu'une visite d'appartement et d'avoir trouvé de suite mon bonheur, mais je croyais en le destin, et Dieu avait décidé de le mettre sur mon chemin.

Le même soir, j'en parlai avec Matthieu. Il était perplexe. Il avait peur que je n'arrive pas à assumer une charge de si grande taille toute seule et je pense aussi que c'était un petit coup dans sa fierté car il ne voulait pas que je prenne tous ces frais sur mon dos alors qu'il était conscient que je faisais ça pour lui également. D'un côté, il n'avait pas tort, car les autres personnes, prennent normalement un studio, pour pas très cher comme premier logement, mais moi je prenais un 2.5 pièces et en plus, il coûtait assez cher. J'avais écouté les conseils d'un collègue qui m'avait dit qu'il préférait payer plus cher mais se sentir bien chez lui que de payer moins et d'être à l'étroit ou dans un endroit où il ne sent pas à l'aise. J'étais totalement d'accord avec lui. Et à la fin, après avoir expliqué tout cela à Mathieu, il me soutenu et se tenait prêt à m'aider pour ce qu'il faudrait.

Du côté de mes parents, ma mère Amelia, trouva une très bonne idée, elle voulait que je prenne mon indépendance et savait que j'en étais capable même si elle avait une petite larme à l'œil. Depuis petite, je m'étais toujours débrouillée toute seule pour quoi que ce soit sans jamais demande d'aide à personne. J'étais donc très autonome et prête pour cette nouvelle vie. Pour mon père Alfredo, c'était plus difficile, non pas car il avait peur pour moi mais parce qu'il devait voir sa grande fille quitter le cocon familial. Je le réconfortai en lui disant que je n'allais pas très loin et qu'il pourrait toujours venir me visiter et que je continuerai de venir à la maison de temps en temps. Il rigola et me dit : Tu pourras venir souper à la maison mais pas tous les soirs hein ! Et on rigola tous ensemble.

Je leur fis un bisou de bonne nuit et montai dans ma chambre avec un petit brin de nostalgie, dans deux mois, je n'allais plus voir cette pièce tous les matins mais c'était pour une bonne cause...

9- La nouvelle vie d'indépendante

Voilà 3 mois que je m'étais installée dans mon premier « petit » appartement au rez-de-chaussée pour débuter ma vie d'indépendante et je ne regrettais toujours pas mon choix. Je m'y sentais vraiment chez moi et n'avait rien de négatif à dire à ce sujet. En plus, l'été était arrivé avec son beau temps et j'adorais prendre des rayons de soleil bien posée sur le canapé que l'ancienne locataire m'avait laissé sur ma jolie petite terrasse. J'avais enfin mon chez moi, fini les « tu vas où ? », « tu rentres à quelle heure ? », « tu as fait la vaisselle ? », et j'en passe. Je vivais ma meilleure vie, je mangeais à l'heure que je voulais, je nettoyais l'appartement quand j'en avais envie, je sortais à l'heure que je voulais, mais surtout je pouvais enfin passer des moments seuls avec mon copain en toute intimité. Il est clair que j'avais plus de tâches que chez mes parents, comme faire les courses, préparer à manger, laver le linge et bien d'autres corvées encore, mais j'appréciais vraiment cette nouvelle vie. Je continuais bien sûr d'aller de temps en temps manger chez mes parents et faire des balades avec Spike mais j'avais une toute autre liberté que je n'avais jamais connu. Je faisais ce que j'avais envie quand j'en avais envie, sans personne pour me dicter quoi faire et je pouvais bénéficier de moments seule à lire un bouquin par exemple sans être dérangée.

Financièrement, j'étais également libre car je pouvais payer toutes mes factures, tout en continuant de mettre de l'argent de côté et de profiter de la vie, tout en faisant plaisir à mes proches de temps en temps. En plus, Mathieu m'aidait toujours à payer les courses car il passait pas mal de temps à la maison et surtout qu'il consommait beaucoup de viande et vous savez tous que cet aliment est assez coûteux, je ne m'étais jamais rendue compte avant de devoir payer les courses moi-même comme une grande. En échange, Mathieu me payait également régulièrement des repas au restaurant, des activités et même des vacances. Oui, il était très gentleman et généreux, et ne me laissait jamais payer quand on sortait ensemble ou qu'on faisait une activité. De plus, il n'arrivait jamais les mains vide chez mois, toujours une petite attention ou du chocolat, j'adore ça. Enfin bref, je n'avais vraiment pas à me plaindre de ce côté-là.

Ce qui me rendait vraiment fière c'est après tous les commentaires négatifs de certaines personnes qui pensaient que je n'allais pas m'en sortir, j'étais toujours là à profiter de ma vie sans soucis financiers et sana devoir demande de l'argent à mes proches, et cela m'apportait une joie immense de voir que j'avais réussi. Je possédais bien plus d'argent que ces gens qui m'avaient critiqué, et le pire, c'est que certains d'entre eux devaient de l'argent à d'autres personnes donc imaginez seulement mon taux de satisfaction en voyant les résultats. Mes parents étaient également fiers de moi, oh combien de fois mon père m'avait engueulé que je ne saurais pas me faire à manger quand j'habiterais seule, mais c'était juste de la flemme à l'époque et surtout parce que ma mère cuisinait beaucoup mieux que moi donc à quoi bon faire l'effort ?

Mon téléphone retentit, c'était ma sœur Emma, elle venait droit de se disputer avec mes parents et voulait passer à la maison pour prendre un peu l'air et fuir les conflits. Je lui répondis que j'aurais bien voulu avoir cette chance quand j'étais encore chez eux mais que bien sûr elle pouvait passer avec grand plaisir. Ah je me sentais tellement adulte de pouvoir décider dans MON appartement et également de pouvoir soutenir ma sœur, en plus, un peu de compagnie ce n'étais pas de refus car je n'aimais pas vraiment rester seule de longues heures.

Elle arriva donc chez moi après 15 bonnes minutes, toute énervée et furieuse du comportement de mes parents. Je lui offris à boire et lui demandai ce qui n'allait pas. Elle me répondit :

- Tu sais Louise, depuis que tu es partie j'ai beaucoup plus de responsabilités. Je dois aider maman pour la cuisine, pour faire le ménage, pour laver le linge, et j'en passe. C'est vraiment lourd ! Je n'ai pas envie de faire ces tâches, j'aurais assez à faire quand j'habiterais seule comme toi. Tu me comprends j'espère ?
- Oui bien sûr, mais tu dois aussi comprendre que papa et maman sont fatigués, ils travaillent de nombreuses heures par jour et c'est bien si tu peux les aider. Après il est vrai que si tu es comme moi, tu préfères faire les choses par plaisir et non quand on te le demande. Tu vois ici, je n'ai personne qui me dit quoi faire et quand ou comment, du coup je me sens vraiment libre et j'ai même plaisir à le faire.
- Woaw ! Tu es en train de me confirmer alors que je dois habiter seule pour être motivée dans les corvées, c'est ça ?
- Mais non banane ! Je te dis juste que c'est différent et je te conseille de commencer à le faire par toi-même sans que maman doive te le demander, tu verras ce sera beaucoup plus facile mentalement et tu n'auras plus l'impression que c'est une obligation.

- Hmm d'accord, tu as sûrement raison, comme d'habitude. Je vais voir à l'avenir comment faire.
- D'ailleurs comment va Spike ? Pourquoi tu ne l'as pas pris avec toi ?
- Oh lala, tu sais que c'est le grand amour avec papa donc quand ils sont ensemble je ne les dérange pas. Heureusement que notre cher papa ne le voulait, tu se souviens ? Il nous avait carrément mis à la porte et on avait dû partir pendant une semaine ! Quelle histoire, et maintenant ce sont les inséparables !
- Bon, je suis soulagée et contente, même s'il me manque, au moins je ne les ai pas séparés. Cela aurait été égoïste de ramener Spike ici tout en sachant qu'il ne se sentirait pas chez lui, et papa lui manquerait énormément. En plus, avec mon travail à 100%, je ne rentre pas à midi et je ne pourrais le laisser seul toute la journée.
- Tu as très bien fait Louise ! Ne t'en fais, tu as opté pour la meilleure option et tout se passe à merveille.

Et elle me proposa de regarder un film de comédie pour détendre l'atmosphère et d'ensuite commandé une belle grosse pizza pleine de fromage pour terminer la journée en beauté. J'acceptai évidemment sa proposition, j'adorais la pizza et en compagnie de ma sœur et devant un bon film, c'était encore mieux !

Après 2h de « cinéma », elle décida de rentrer avec un peu d'appréhension mais elle n'avait pas le choix. Je la rassurai en lui disant qu'elle était la bienvenue chez moi et qu'elle pourrait venir quand elle voulait. Cela la rassura et elle partit de bien meilleure humeur qu'à son arrivée...

10- Le début d'une longue pandémie

On l'avait vu à la télévision, la pandémie Coco avait fait sa première apparition en Chine. Ils disaient que c'était une forme de grippe ou de refroidissement mais beaucoup plus grave. Ce virus pouvait même tuer les gens, ou alors, les personnes tombaient très malades aves des problèmes aux poumons, etc. On s'était dit que cette pandémie serait restée bien loin de nous, sur un autre continent et que ça ne nous atteindrait pas. On s'imaginait aussi que c'était que à la télé qu'on verrait ça, comme dans les films, et que ce n'était pas réel. Mais voilà que le Coco s'était approché de très près et que ça commençait à nous préoccuper car on se rendit compte qu'il était bien véridique et qu'il pourrait également nous atteindre. Il y avait des cas qui avaient été détectés en Italie et c'était bien un de nos pays voisins car quelques heures en voiture nous séparaient. De plus, on avait beaucoup d'italiens chez nous qui visitaient régulièrement leur pays, ce qui n'était pas du tout rassurant pour notre ville.

Sur mon lieu de travail, à l'hôpital, je sentais que quelque chose se passait et que tout le monde était stressé mais personne n'osait vraiment entamer le sujet par peur ou peut-être pour ne pas affoler les personnes sans avoir quelque chose de concret. Je ne voulais pas trop y croire, je me disais que ce fichu virus n'allait jamais nous atteindre mais je me voilais sans doute la face et essayais de me rassurer comme je pouvais. En fait, j'avais surtout peur pour mes parents et ma famille plus âgée, car ils avaient dit aux infos à la télé que cette maladie touchait surtout les plus anciens et que pour les cas les plus graves, ils pouvaient même mourir. Quelle angoisse !

Deux semaines après mon ressenti négatif et toutes ces questions que je me posai à ce sujet, voilà qu'un cas était arrivé dans notre hôpital. Et là ce fut la grosse panique à bord ! Cela n'a pas fallu longtemps pour que tout l'établissement soit au courant de ce qu'il se passait et qu'ils stressent à l'idée de l'attraper. Mais le pire de tout ça, c'est qu'un jeune avait eu la superbe idée de le publier sur les réseaux sociaux, alors je vous laisse imaginer le bazar qu'il a créé indirectement. Que ce soit à l'hôpital en lui-même et dans les médias, tout le monde était au courant dans la ville.

Bref, c'était la catastrophe, les employés couraient de partout, personne ne savait vraiment comment réagir face à cette pandémie et les gens étaient anxieux. Le Directeur décida alors de faire une séance d'urgence pour nous donner toutes les informations nécessaires et afin de nous rassurer. Les nouvelles règles furent rapidement mises en place, et elles comprenaient :

- Télétravail pour les personnes de l'administration qui avait un certain âge.
- Port du masque dans tout l'hôpital sauf bien évidemment si on se trouvait seul/e dans un bureau.
- 2 Horaires pour la pause de midi à la cafétéria et pas plus que 2 personnes à une table avec une certaine distance.
- Report de toutes les opérations non urgentes.
- Plus qu'une seule visite par patient, et il devait être protégé avec un masque et des habits spéciaux.

Et j'en passe... Hallucinant ! On se croyait vraiment dans un film mais c'était les mesures et surtout c'était pour notre bien donc avait meilleurs temps de les respecter et de se tenir à carreau face à ce virus inconnu encore.

Du côté de ma famille, mes parents angoissaient quand même un peu car ils avaient peur qu'il leur arrive quelque chose vu qu'ils n'étaient pas tout jeunes. Ma sœur, l'hypocondriaque de la famille, paniquait totalement, elle disait même avoir des symptômes, je vous laisse imaginer la scène... Et mon copain lui prenait ça à la légère en disant que c'était des conneries, que les gens faisaient du show et qu'il n'y avait rien de concret. De mon côté, j'essayais de ne pas trop paniquer même si j'étais celle qui était le plus en contact et dans l'environnement de cette pandémie mais je faisais bien sûr attention à tous les gestes barrière.

Ce qui m'embêtait le plus, c'était que j'allais fêter mon anniversaire le mois d'après et ça me rendait triste de savoir que je ne pourrais pas profiter de ce jour avec toute ma famille à cause de toutes ces restrictions. Mais on devait rester forts et nous protéger le mieux qu'on pouvait. L'important c'était d'être solidaire et de penser à son prochain.

Un mois s'était écoulé après l'annonce du Directeur et tout s'était empiré. Les magasins, les restaurants, tout comme certaines frontières avaient dû fermer leurs portes. Il ne restait plus que les établissements avec des denrées alimentaires et besoins essentiels qui étaient ouverts au public. Toute la planète était chamboulée, personne ne s'était préparé à une telle chose mais on devait apprendre à vivre avec cette terrible pandémie même si elle nous faisait peur et qu'on se faisait du souci pour nos proches. De plus, je m'apprêtais à fêter mon anniversaire dans deux jours mais j'avais perdu toute motivation, surtout quand ma sœur m'annonça qu'elle avait attrapé le Coco, et qu'elle devait s'isoler seule dans sa chambre. C'était très dur, je me sentais impuissante de ne pouvoir rien faire pour elle, je devais tout simplement accepter ce qu'il en était et faire avec ce que j'avais, tout en m'adaptant à la situation.

On fêta alors mon anniversaire de manière bizarre mais au moins mon copain et mes parents étaient là, plus nos chiens, donc je pouvais tout de même m'estimer chanceuse car certaines personnes se retrouvaient seules chez elles sans aucun parent ni proche.

Deux mois après, ce fut notre tour, quelques jours avant Noël, je l'attrapais ainsi que Mathieu. Ce n'était vraiment pas joli, on sentit d'abord une forte douleur à la poitrine et vint ensuite tous les symptômes comme la fièvre, le mal de têtes et les courbatures, et une très très grande fatigue qui nous épuisait mentalement et physiquement. C'était vraiment pénible, on dû rester couché et se reposer pendant quelques jours afin de reprendre nos forces. Et à ce moment-là, je me rendis compte que cette période allait durer encore un long moment et qu'on allait devoir apprendre à vivre avec...

11- Le chamboulement professionnel

Une nouvelle année avait débuté mais la crise sanitaire était toujours bien présente dans notre quotidien malheureusement. On s'était peu à peu habitué à vivre avec ce fichu virus, mais on perdait espoir quant à la fin de cette pandémie car les cas s'empiraient et augmentaient de manière incroyable. Et comme si tout cela ne suffisait pas à me faire monter l'angoisse, je m'étais retrouvée dans un stress supplémentaire au niveau professionnel. Cela faisait quelques semaines que j'hésitais à changer d'emploi car je voulais évoluer et m'épanouir dans ma vie professionnelle, ce qui n'était pas le cas. J'en avait déjà fait part à mes supérieurs de ce mal être mais malheureusement ils me répondirent que je devais attendre et avoir de la patience car dans le futur ils pourraient avoir une place très intéressante pour moi comme un poste à haute responsabilité. C'était très dur pour moi car j'aimais avoir les choses tout de suite et ne pas devoir attendre jusqu'à ce que je ne sache quand car cela me créait trop de pression et ne me motivait pas du tout.

Comme par hasard, alors que j'aidais à rédiger des rapports dans un autre service de l'hôpital, le responsable de ce département demanda à me voir le plus rapidement possible. Je trouvais cela un peu étrange car il savait que j'avais déjà un poste fixe et n'étais pas à la recherche d'un nouvel emploi, mais j'acceptai un entretien avec lui pour voir ce qu'il avait à me dire. Et là, ce fut un grand retournement de situation que je ne m'attendais guère ! Il me proposait un poste de responsable de secrétariat ainsi que la formation de mon choix tout cela avec un salaire bien plus élevé ! Je cru d'abord rêver, je n'y croyais pas mes yeux. Je souhaitais tellement évoluer dans ma carrière professionnelle et voilà qu'un poste se présentait à moi sans que je doive chercher ! Je lui demandai un temps de réflexion pour en parler avec mes proches et pouvoir réfléchir à cette proposition, qui pour moi était déjà acceptée. Il me laissa un délai d'une semaine afin de ne pas me mettre la pression et pour que je sois certaine de ma décision.

Le même soir, je demandai conseil à mon copain, car j'étais excitée à l'idée de ce nouveau poste mais cela me mettait également mal à l'aise vis-à-vis de mon employeur actuel. Je ne voulais pas le décevoir et surtout j'allais contre une de mes grandes valeurs qui était la loyauté. C'était une situation bien difficile pour ma part. Après avoir expliqué tout ça à Mathieu il me répondit :

- Tu sais Louise, parfois il faut penser à soi et arrêter de vouloir toujours faire plaisir aux autres, chose que tu ne fais absolument pas. Je sais, c'est une belle qualité que tu as mais là ce n'est pas possible de la satisfaire car tu serais malheureuse alors qu'un beau projet se présente à toi. Et tu crois vraiment que si ton responsable était à ta place, il n'aurait pas sauté sur l'occasion ? Je ne pense pas qu'il se serait dit, oh mais non, je ne peux pas lui faire ça !
- Bonne question ! Je ne pense pas non plus mais je ne saurais quoi te répondre très franchement...
- Bien sûr qu'il aurait accepté la proposition, crois-moi ! Donc je te conseille vraiment de penser à toi, à ton bonheur et à ce que tu veux vraiment pour ta vie professionnelle, sans tenir compte des autres personnes. Et s'ils t'apprécient vraiment, ils comprendront ta décision et te soutiendront d'une manière ou d'une autre. Ne t'inquiète pas pour ça.
- Tu as peut-être et sûrement raison, mais comme on dit, la nuit porte conseil, donc j'espère que demain je saurais quoi faire et que j'aurais pris une décision.
- Tu fais très bien, et quoi que tu décides, je te soutiendrais donc choisis le meilleur pour toi et penses à toi d'abord pour une fois. Visualise-toi où tu te vois, et dans quelle direction tu aimerais aller, c'est une bonne aide.
- Merci beaucoup Mathieu ! Tu es un amour !

Et on alla se coucher en réfléchissant chacun de son côté même si je savais déjà ce qu'il me restait à faire.

Le lendemain, ma décision était enfin prise. J'avais bien réfléchi aux paroles de Mathieu et il avait totalement raison. Je ne pouvais pas laisser passer cette occasion qui me permettrait d'évoluer et de grandir professionnellement alors que celle où j'étais ne me garantissait rien à part de l'attente. Je contactai alors le responsable et lui dit que j'acceptai son offre et le remerciait. Il était très content et m'aida dans les démarches administratives ainsi qu'auprès des ressources humaines. Le plus dur se fut de l'annoncer à mon équipe actuelle. Ils allaient fort me manquer mais je devais penser à moi et à mon futur afin d'être comblée dans ma vie.

J'annonçai alors la nouvelle à mes chers collègues et ils furent bien sûr très attristés mais ils comprenaient entièrement ma décision et n'étaient pas du tout fâchés. Ils m'encouragèrent à suivre mes objectifs et d'être heureuse. Je me senti alors soulagée que tout se soit bien passé et j'avais hâte de commencer cette nouvelle étape professionnelle au sein d'une nouvelle équipe, d'un nouveau poste et d'un nouvel environnement.

12- Le grand départ à 2

Le printemps et le beau temps arrivaient à grands pas mais pas seulement. Voilà quelques semaines que Mathieu avait trouvé un travail fixe dans le domaine des assurances, avec surtout un salaire fixe à la fin du mois, qui lui permettait de faire ce qui lui plaisait et surtout de pouvoir avancer dans sa vie privée car il avait enfin les moyens financiers. Il décida alors de prendre la grande décision qui était de quitter le cocon familial pour se lancer dans une nouvelle aventure avec sa magnifique copine, moi (hahaha). C'était également un soulagement pour moi car ça allait me permettre d'économiser et de ne plus devoir payer un appartement toute seule et tous les frais et charges qui viennent avec quand on possède un logement.

Il me proposa alors de chercher un appartement à Bruny car il ne voulait pas quitter la ville où il avait grandi et où il s'était habitué durant toutes ces années. De plus, il n'aimait pas mon village et voulait rester en ville, c'était plus pratique disait-il. C'est vrai que c'était également plus avantageux pour moi car c'est là que se trouvait ma place de travail et le restaurant de mes parents. La seule difficulté ou plutôt la seule chose qui me causait un sentiment de tristesse, c'était le fait de m'éloigner de Spike et de mes chers parents. Mais en y réfléchissant davantage, je me rendis compte que je n'étais pas tous les jours avec mon chien car je travaillais du matin au soir et donc que ça ne changerait pas grand-chose. De plus, la distance en voiture était de 10 minutes donc il n'y avait pas de quoi se faire du souci, on était à côté. Mon copain me rassura aussi en me disant qu'on viendrait visiter ma famille et Spike autant de fois que je voudrais et cela m'allégea et me réconforta donc j'acceptai sa proposition de re-déménager sur Bruny même si c'était dur. En y pensant un peu mieux, c'est là que j'étais née et que j'avais grandi, et toutes mes copines s'y trouvaient donc c'était que du bénéfice pour moi.

On débuta alors nos recherches d'appartements avec une liste de critères bien précise et assez longue. Mathieu était bien moins compliqué que moi, pour lui il suffisait que ce soit dans un lieu stratégique où il pourrait se déplacer rapidement en voiture et que cela ne dépasse pas les 1'500.- par mois. Ah et j'oubliais, il ne voulait pas que ce soit au rez-de-chaussée, il disait que c'était pour que le chien puisse rester à l'extérieur sans surveillance mais je pense surtout qu'il avait peur des voleurs hihihi. Moi par contre, j'étais beaucoup plus compliquée et exigeante, je savais exactement ce que je souhaitais et ce que je ne souhaitais pas. Je voulais que la cuisine soit ouverte sur un salon spacieux, un grand balcon sans vis-a-vis, des énormes fenêtres et un appartement bien lumineux. De plus, je voulais habiter dans un quartier familial et proche des transports publics mais dans un lieu calme en même temps. Imaginez seulement les heures qu'on passa à rechercher LE bon appartement et qui rentrerait dans tous mes critères.

Heureusement, après quelques jours de recherche seulement, on trouva enfin quelque chose qui pourrait nous plaire. La semaine d'après, on eut enfin notre première visite et là... Grosse déception ! L'appartement n'était pas du tout comme sur les photos et on se sentait vraiment mal à l'aise à l'intérieur. C'était minuscule, vieux, sans extérieur, tout ce que je ne voulais pas en gros. En plus de ça, l'appartement se trouvait tout en haut de l'immeuble sans ascenseur, ce n'était vraiment pas pour nous. On ne dû pas réfléchir longtemps à la réponse « Est-ce qu'on le prendrait ou pas » vu le lieu qu'on venait de visiter. Quand on termina la visite et qu'on rentra dans la voiture pour partir, je me tourna vers Mathieu et lui dis :

- Purée ! Mais quelle déception ! Moi qui croyais qu'on allait adorer cet appartement et ainsi ne plus faire de recherches ni de visites, je me suis trompée sur toute la ligne ! Jamais vu un logement autant nul !
- Tu sais Louise, tu as vraiment eu du bol pour ton premier appartement. C'était ta première visite et également ton coup de cœur. Tu n'as pas dû choisir entre plusieurs et différents endroits. Ce n'est pas toujours le cas malheureusement. Mais je t'avoue bien sûr que cet appartement était horrible !
- Oui je sais que tu as raison mais quand même. Je ne m'attendais pas à cette misère. Surtout que ce n'était pas du tout comme sur les photos !
- Je sais, mais ne t'inquiètes pas, on l'aura notre coup de cœur et on saura à ce moment-là que ce sera le bon.
- Oui, j'y crois et je l'espère fortement. Je veux vraiment qu'on aie notre cocon ensemble et qu'on puisse s'y sentir bien.
- Moi aussi ma chérie !

Et on poursuivit nos recherches dans les jours à venir.

Une semaine après cette visite peu joyeuse, une agence immobilière nous contacta pour aller voir un très bel appartement, assez neuf, dans le quartier du restaurant de mes parents et vers chez ma tante. On était trop contents et on se réjouissait vraiment de voir ce logement qui se situait dans un très bon quartier pour nous. On regarda encore une fois les photos sur le site de l'agence et rien à voir avec celui qu'on avait visité. C'était le jour et la nuit. Mais bon, on voulait d'abord le voir en vrai avant de se donner des faux espoirs et d'être à nouveau déçus.

Arrivés sur place, le responsable de la visite nous attendait déjà et il nous parut très gentil et professionnel, c'était déjà rassurant. On fit les présentations et il nous emmena dans le hall d'entrée de l'immeuble. Je dois dire que c'était assez spécial et intriguent. C'était un long couloir avec plusieurs portes, comme dans un hôtel, et c'était plutôt sombre, sans fenêtres. On se croyait même dans un sous-sol. Je regardai Mathieu avec une tête de dépitée et il acquiesça avec sa tête car il avait la même impression que moi. On arriva devant la porte de l'appartement en question avec un peu de méfiance, et quand le responsable l'ouvrit, ce fut une grosse surprise ! Tout était bien illuminé, beau et spacieux. Rien à voir avec ce couloir sombre et mystique. Ah je revoyais le sourire sur le visage de mon copain, c'était bien parti et je me sentais également confiante. La visite se passa donc à merveille et il avait tous les critères que je désirai, je ne lui trouvais AUCUN point négatif (à part le couloir mais bon c'était l'extérieur donc ça m'importait peu).

Après cette magnifique et belle visite, on eut le fameux coup de cœur comme Mathieu me l'avait dit. L'appartement était exactement ce qu'on recherchait et on ne pouvait demander mieux. On insista auprès du responsable pour savoir si on avait une chance d'avoir cet appartement et il nous répondit quand même qu'il y avait beaucoup de demandes et que ce serait difficile mais qu'on devait tenter notre chance car on avait un bon dossier, autant Mathieu que moi étions bien financièrement et on pouvait se permettre de payer un loyer plus cher. On ne perdit pas espoir, et demanda le formulaire d'inscription.

Une heure après on avait déjà récolté toutes les feuilles demandées et envoyé le formulaire à l'agence immobilière par mail afin qu'il arrive de suite à destination. On était trop excités à l'idée d'avoir une réponse et encore plus si elle serait positive. Je proposai à Mathieu d'arrêter les visites vu qu'on avait trouvé notre perle rare, mais il me dit que rien n'était sûr et qu'il fallait tout de même poursuivre avec notre quête au cas où la réponse serait dans la négative. J'étais un peu déçue mais c'est ce qu'on fit, je voulais absolument trouver quelque chose au plus vite.

Trois jours plus tard, on recevait un nouvel appel d'une autre agence immobilière. Au vu des photos, cet appartement me plaisait vraiment beaucoup, surtout qu'il se trouvait dans la rue où j'ai grandi et cela représentait beaucoup pour moi. Si je pouvais habiter là, je me serais sentie en sécurité et comme à la maison. Mathieu était un peu moins partant car il le trouvait un peu cher et au-dessus du budget qu'il s'était fixé. Le logement en lui-même coutait bien 1'500.- par mois mais il fallait rajouter les 125.- du garage ce qui donnait un prix assez élevé. Il était donc un peu perplexe mais décida tout de même de le visiter, ne sait-on jamais me dit-il et il voulait également me faire plaisir.

Le lendemain, on se retrouva devant le fameux appartement pour la visite tant attendue, enfin pour ma part surtout dû au quartier de mon enfance. La responsable nous fit d'abord visiter les extérieurs, car c'était une coopérative familiale, et il y avait donc plusieurs choses autour de ce logement, comme un fitness, une crèche, une cuisine et salle à manger, un coin bibliothèque etc. C'était très intéressant et surtout c'était la première fois qu'on voyait une coopérative avec tous ces services. On arriva alors devant la porte de notre futur appartement peut-être, et quand elle ouvrit la porte, un gigantesque espace de vie fit son apparition, ce qui m'émerveilla de suite. J'adorais les immenses pièces de vie car c'était là que je passais la plupart de mon temps. Tous les autres critères étaient également là. Les fenêtres énormes, la cuisine ouverte, la luminosité, sans compter le balcon qui faisait toute la longueur du logement et donnait sur la cour donc pas vers la pollution de la circulation. J'étais ravie et me sentais très bien, paisible même. Le seul souci qui dérangeait Mathieu c'était le fait qu'il n'y ait pas de hall d'entrée, et que la porte donnait directement à l'extérieur. Si on voulait aller à la buanderie par exemple, on devait sortir pour retourner à l'intérieur à l'aide de l'ascenseur. Mais c'était le seul point négatif qu'on avait à dire car le reste nous plaisait énormément. On termina donc la visite très heureux et on dû réfléchir longuement si on avait une préférence pour celui-ci ou l'autre qui se trouvait dans le quartier du restaurant familial. La décision était serrée mais on fit quand même la demande pour celui-ci histoire de ne pas rater cette opportunité.

Quelques jours plus tard, on reçut la réponse du deuxième appartement mais toujours rien du premier. Mathieu disait que c'était un signe qu'on devait accepter celui-ci. En plus, la gérance immobilière nous offrait un mois gratuit et on pouvait rentrer dans l'appartement quand on le souhaitait, donc avant le terme et ainsi avoir assez de temps pour déménager. Je demandais à Mathieu de refaire une visite afin de confirmer notre choix et être sûrs qu'on ne regretterait pas, et il accepta.

Après cette fameuse visite le lendemain, notre choix était fait, on était d'accord sur l'ensemble des éléments. On ne pouvait donc pas rater cette occasion et on accepta alors l'offre de la gérance sans attendre. On se réjouissait tellement de pouvoir emménager ensemble dans ce lieu si chaleureux et accueillant et c'était surtout un tout nouveau départ dans notre vie à 2, que du bonheur !

13- Le meilleur voyage en couple

Deux mois étaient passés après notre emménagement ensemble et on vivait le parfait amour avec Mathieu. On était très contents de notre nouvel appartement, professionnellement et financièrement on était stables, et on décida alors de faire un petit voyage en amoureux sur la belle île grecque de Santorin pour fêter tout ça.

On s'envola alors pour cette magnifique île avec beaucoup de joie et d'excitation. Arrivés devant l'hôtel qui était doté d'une superbe vue sur l'océan et les falaises, on se réjouissait de voir la suite et de pouvoir nous reposer dans ce lieu si impressionnant. Mais le meilleur restait à venir. Quand la réceptionniste nous ramena devant notre chambre, on tomba sous le charme de notre terrasse... Non seulement elle possédait des lits à baldaquins, mais en plus, il y avait un jacuzzi avec vue sur la mer !!! Que demander de mieux ? Et quand on rentra dans la chambre on s'émerveilla encore avec la vue depuis notre lit qui donnait directement sur l'océan et le style grec que j'adorais avec la décoration sublime. On se croyait vraiment dans un rêve sauf que c'était bien la pure réalité. C'était magique ! En plus, la chambre était vraiment spacieuse et on s'y sentait apaisés et comme à la maison.

Après toutes ses merveilles et plaisirs pour nos yeux, on décida d'aller explorer les alentours et trouver un restaurant pour manger quelque chose car on avait fait beaucoup de route et notre estomac commençait à gargouiller de faim. Mais là, on se rendit compte que ça allait être compliqué de se déplacer à pied car notre hôtel était loin de la ville et il n'y avait rien autour à part la route (ou la mer). La réceptionniste nous conseilla de louer un quad pour nous déplacer sur l'ile, car on pouvait le garer plus facilement qu'une voiture, donc pas nous casser la tête à chercher un parking, et selon elle, c'était une belle sensation de rouler en quad avec ces beaux paysages grecs et les cheveux au vent. De plus, cela coûtait beaucoup moins cher que de louer une voiture et l'île n'était pas grande à visiter, donc on ferait le tour plus facilement et rapidement en quad.

On en loua alors un pour la durée de notre séjour, et nous voilà partis pour notre première aventure sur la route. On s'arrêta dans la ville juste après l'hôtel où on séjournait et on trouva un joli restaurant qui nous paraissait sympathique et intéressant. Comme d'habitude, je devais attendre que mon copain vérifie sur son application si cet établissement était recommandé aux clients ou pas, car il ne fallait pas que regarder l'esthétique mais bien la qualité de la nourriture et quand on ne connait pas, on se fait vite avoir par les « pièges à touristes » comme ils appellent ça. Après vérification et tous les points positifs que le restaurant possédait, on décida de s'y installer et de commander un délicieux petit plat. Je choisi une succulente salade de feta, olives et tous ces délicieux aliments grecs, et Mathieu prit de la viande, il adorait ça et pouvait en manger tous les jours. On avait bien fait de choisir ces menus car ils étaient tout simplement délicieux. Sans compter le personnel qui était extrêmement aimable et serviable. C'était une première expérience très positive dans cette île grecque et nous étions ravis.

Après ce bon repas, on se dirigea vers la mer pour aller profiter du soleil et du beau temps, chose qu'on n'avait pas chez nous à cette période. La température était vraiment agréable et on ne se croyait même pas en automne. Et vu que c'était une époque hors saison, il y avait vraiment très peu de touristes ce qui nous apportait une grande tranquillité et exclusivité sur l'île. Après notre petite balade sous le soleil, on retourna à l'hôtel pour se reposer et profiter du jacuzzi avec cette vue imprenable qu'il nous offrait.

On eut beaucoup de chance car dès qu'on s'installa dans le jacuzzi, on put apercevoir un magnifique coucher de soleil qui nous éblouissait dans le sens positif bien sûr, et cela nous fit le plus grand bien. On ne regretta pas notre routine de tous les jours et surtout on se sentis chanceux et heureux d'être là, présents, dans cette atmosphère de rêve.

Le soir on se prépara pour aller dans une grande ville très connue et animée de l'île. Il fallait tout de même prendre une veste car le soir le vent était de la partie, et avec le quad ça n'aidait pas à faire hérisser mes poils, moi qui étais très frileuse de base. Après quelques kilomètres sur la route et quelques moustiques écrasés sur nos casques, on arriva enfin sur place. On choisit un joli restaurant local au milieu du village et de ses maisonnettes blanches et bleues. On se sentait vraiment comme à la maison et l'ambiance était joyeuse et festive. On commanda encore et toujours des plats locaux pour pouvoir nous régaler en mangeant de la nourriture différente de ce qu'on avait l'habitude de manger dans notre pays, et on se régala comme des ogres. Après ce délicieux repas, on alla visiter cette sublime ville illuminée et on fit un tour des différents stands qui se trouvaient sur place. J'avais envie de tout acheter mais je me rappelai que ma minuscule valise ne pourrait pas tout accueillir et je laissai vite tomber cette idée. Après 1h de visites de stands, on commençait à être épuisés et à ressentir la fatigue du voyage, donc on décida de s'en aller et de retourner à l'hôtel.

Sur le chemin du retour, Mathieu préféra prendre un autre chemin pour « essayer » disait-il. Je n'étais pas très rassurée car la nuit était tombée et il n'y avait pas grand monde sur les routes, mais je lui faisais confiance donc je le suivais sans soucis. On roulait tranquillement avec notre quad, jusqu'à ce qu'on arrivât à un croisement et qu'il voulut suivre le chemin du GPS et prendre le chemin qui montait. C'était très glauque, il faisait nuit, sans lumières sauf celles du quad, et un silence absolu, personne, ou presque, des maisons abandonnées en hauteur. Je fermai les yeux pour ne pas voir ce qu'il se passait et je m'imaginais dans un autre endroit à la lumière du jour pour essayer de réduire mon angoisse. Mais ce que je craignais arriva, dans la montée le quad commença à ralentir car il n'avait pas assez de puissance pour pouvoir rouler à la vitesse normale dans une montée si raide. Et là j'étais terrifiée, je voyais déjà le pire arrivé, qu'un méchant voleur nous court derrière et nous tue ou nous kidnappe ou encore, qu'un animal nous attaque et qu'on ne puisse s'en sortir. C'était horrible, j'avais juste envie de pleurer et que ce soit un cauchemar et que j'allais me réveiller de suite, mais non, c'était bien réel. Mathieu rigolait mais c'était un rire nerveux, il ne voulait pas montrer qu'il avait également peur et surtout il voulait me rassurer car il voyait que j'étais en panique. Je me mis à sangloter en pensant que c'était la fin, qu'on n'allait jamais y arriver et qu'on ne reverrait plus nos proches ! Mais heureusement le quad commença enfin à accélérer et je pu me tranquilliser un peu plus. 5 minutes après on avait enfin rejoint la route principale qui nous reliait à l'hôtel et on était bien contents. Quel soulagement, j'étais apaisée et l'accélération de mon pouls diminua. Finalement, on arriva sains et saufs à l'hôtel. Quelle aventure ce soir ! On alla se coucher, épuisés de notre journée.

Le lendemain, lors de notre petit déjeuner sur notre splendide terrasse avec vue sur la mer, on riait de notre mésaventure du précédent soir, malgré qu'on eût la peur de notre vie mais c'était derrière nous heureusement. Cela aurait pu très mal tourner mais tout se termina très bien. On discuta alors du planning de la journée :

- Tu aimerais faire quoi aujourd'hui Louise ?
- J'ai une petite idée mais je ne sais pas si ça va te plaire car tu n'aimes pas trop les bateaux mais je t'assure que ça en vaut la peine !
- Dis-moi ce que tu as derrière la tête, ça m'intrigue et je suis curieux de savoir.
- D'accord... Je te propose alors un tour en catamaran !
- Tu rigoles ? Je ne sais même pas ce que c'est un catamaran ! Dieu sait ce que tu me prépares...
- C'est un bateau pas très grand (en essayant de le rassurer) à voile, et il fait le tour de l'ile sur l'eau. On pourra voir de magnifiques paysages et en plus le repas est offert. J'en ai déjà fait au Mexique et j'ai adoré. Qu'est-ce que tu en penses ?
- Bon, je te fais confiance et veux bien essayer mais je t'avoue que je ne suis pas très rassuré. Mais il faut une première fois à tout pas vrai ?
- Parfait, on part dans une heure et je me réjouis pour toi, je sais que tu vas adorer !

Arrivés devant le catamaran, je vis que Mathieu se faisait une petite pointe de souci, mais je le rassurai en lui disant que tout allait bien se passer et qu'on serait entourés de professionnels, ce qui le rassura fortement. L'équipage nous accueilli avec une grande amabilité et nous expliqua comment allait se dérouler la journée sur le bateau et ce que nous allions voir. Je me réjouissais tellement et je voyais Mathieu apaisé de savoir qu'il y avait des spécialistes avec nous au cas où il y aurait un pépin donc il me sourit.

Nous voilà partis pour notre petite croisière sur la mer dans ce magnifique pays. Le soleil était au rendez-vous et on assista à de sublimes paysages tout le long de notre long parcours. On arriva devant une baie où l'eau était turquoise et donnait vraiment envie de se jeter. Le capitaine arrêta le catamaran et nous conseilla d'aller faire une petite baignade dans l'eau histoire de se rafraichir. De nature craintive, je préférai céder ma place à Mathieu qui lui n'hésita pas à y plonger la tête la première. L'eau était super bonne et il avait même pu apercevoir de beaux poissons multicolores. Mais même ainsi il ne me convainc pas de le joindre, je me sentais mieux, saine et sauve, sur le catamaran et de nouveau, mon côté frileux prenait le dessus.

On fit gentiment demi-tour, et sur le chemin on put assister à un magnifique couché de soleil, c'était juste magique ! Mathieu me remercia mille fois d'avoir insisté pour faire ce fabuleux trajet en bateau, il était ravi et ne regrettait pas son choix. J'étais contente également de mon choix. On rentra à l'hôtel émerveillés par notre journée mais très fatigués d'être restés autant d'heures sur un bateau.

Le dernier jour était arrivé et on planifia de faire une marche jusqu'à la ville d'à côté. Oui une marche de 2h mais elle en valait la peine car sur le chemin on pourrait voir plusieurs sites qui ne sont accessibles qu'à pied. Mathieu insistait pour faire l'aller-retour en marchant mais je lui répondis que je n'irais à pied qu'à condition qu'on reviendrait en taxi. Je n'étais pas une grande sportive, doc déjà que j'acceptais de faire l'aller à pied c'était déjà un grand pas pour moi, mais je voulais lui faire plaisir. Il finit par accepter car sinon il savait que je ne ferais même pas l'aller, je n'aimais vraiment pas marcher sauf avec nos chiens bien évidemment. On mit alors nos baskets les plus confortables ainsi que des habits légers pour notre parcours et je pris également un sac à dos avec les accessoires nécessaires pour que tout se déroule dans la joie et bonne humeur.

Nous voilà partis pour notre randonnée, motivés comme jamais et déterminés à atteindre notre but, qui était la ville d'après tout en visitant les sites sur le chemin. C'était vraiment splendide, d'un côté on avait la jolie mer bleue avec les immenses falaises qui semblaient tomber dans l'eau. Et de l'autre côté, on avait de magnifiques paysages comme sur des cartes postales. Notre premier arrêt fut autour d'une église de couleur blanche et bleue, typiquement grecque. On prit quelques photos et profita du moment pour se rafraichir, avant de repartir sur notre sentier sinueux. Après 2h de marche et de belles vues, on arriva enfin à destination. On était morts de fatigue et Mathieu me donna raison sur le fait de faire le retour en taxi et non à pied, j'étais super contente bien sûr. On chercha tout d'abord un restaurant pour pouvoir remplir nos estomacs qui avaient très faim car cela faisait quelques heures qu'on n'avait rien mangé et la marche nous avait ouvert l'appétit. Il proposa d'aller dans un établissement où ils préparaient des plats locaux, ce que j'acceptai de suite au vu des bonnes expériences qu'on avait eu jusqu'à maintenant. Malheureusement, cela ne se passait pas comme d'habitude. Les plats étaient immangeables, c'était du surgelé simplement réchauffé. On était vraiment déçus et on se consola avec la belle vue qu'on avait sur la mer. Après ce repas peu appétissant, on prit le taxi pour rentrer à l'hôtel car on était K.O. On décida donc de se relaxer au bord de la piscine de l'hôtel et de profiter des derniers rayons de soleil avant de préparer nos valises pour partir.

Et voilà, nos vacances arrivaient à leur terme et on était vraiment heureux de cette belle semaine, que des bons souvenirs, mais il était temps pour nous de retourner à la maison retrouver nos proches et nos chiens.

14- Les nouveaux objectifs

Deux mois s'étaient écoulés après notre magnifique voyage en Grèce et je m'étais beaucoup remise en question dans différents domaines. Que faire de ma vie, de quelle manière, avec qui, par quels moyens, comment serait ma vie dans 5, 10, 15 ans etc. J'en parlai autour de moi car je n'arrivais pas à trouver une solution et cela me trottait dans la tête. On me conseilla de me fixer des objectifs et de mettre en place une stratégie afin de déterminer ce que je devais faire pour atteindre des buts importants pour mon futur. Je me fis alors une petite liste avec mes besoins et ce qui me tenait à cœur :

- Avoir un travail qui me plait et qui me permette d'être également épanouie dans ma vie privée en ayant une certaine liberté afin de pouvoir passer plus de moments en famille
- Perdre du poids en bougeant davantage ou en faisant plus de sport et manger sainement
- Avoir un appartement plus grand, avec une chambre en plus pour pouvoir créer mon petit bureau et une pièce où je peux être tranquille sans que rien ne me perturbe
- Voyager et profiter plus de la vie car tout peut s'arrêter d'un jour à l'autre

Bon c'était surtout mes plus grands objectifs que je souhaitais vraiment atteindre (et c'était également mes rêves).

Je débutai avec le plus simple qui était de perdre du poids et de manger des aliments plus sains. Je décidai alors de me rendre à la salle de sport 3x/semaine et de n'acheter que de la nourriture saine pour la maison. Fini les chocolats et les sucreries, ou les trucs gras. Je devais vraiment me concentrer pour ne pas craquer et arriver à atteindre mon objectif. Je savais que ça allait tout de même être difficile car j'appréciais beaucoup manger, surtout des gâteaux et du chocolat, donc j'allais devoir faire une concession et remplacer ces aliments par des fruits par exemple, ou autre chose plus allégé. Mais c'était faisable et je pouvais y arriver.

Ensuite, pour l'appartement, on chercha un logement dans notre quartier car il nous allait très bien et il se situait vraiment où il fallait, on ne voulait pas nous déplacer trop loin non plus. De plus, on était très contents de la gérance et on voulait donc rester dans la même coopérative si on pourrait choisir. On avait également entendu que si on retrouvait un bien chez eux, on pouvait déménager de suite sans attendre le temps de dédite qui était de 3 mois minimum. Surtout qu'il faut normalement rester une année dans un appartement avant de pouvoir le quitter, et nous ça ne faisait qu'à peine 6 mois donc ça aurait été long. Mais on allait devoir s'armer de patience le temps de trouver quelque chose qui nous plaise avec les mêmes critères de notre longue liste...

Pour voyager et profiter plus de la vie, je fixai des jours et des dates dans mon agenda pour être sûre que je ne les louperais pas et pour être sûre que je prendrais du temps à ce moment-là pour moi, pour me relaxer. J'avais tendance à repousser ce qui me faisait du bien et à remplacer ces moments par le travail, je ne pouvais pas continuer sur cette lancée ou alors j'allais tout droit au burn-out.

Au fil du temps, je remarquai que le premier objectif était le plus compliqué et difficile car de nouveau, j'étais très exigeante et avais de la peine à trouver un emploi qui me corresponde vraiment. Je voulais un horaire flexible, un salaire élevé, une charge de travail adaptée et surtout être autonome sans devoir rendre de compte à personne. Mais je ne baissais pas les bras et demeurais très persévérante allant jusqu'au bout des choses afin de trouver ce qu'il me fallait. Je débutai alors un cours de Leadership pour pouvoir en apprendre un peu plus sur moi et sur mes relations professionnelles (et même privées). C'était important pour moi de commencer par le début et non de sauter des étapes. Ce dit cours comprenait les thèmes comme l'introspection de soi, la gestion de conflits et personnelle, la communication et bien d'autres domaines encore très importants pour bénéficier d'un comportement irréprochable professionnellement parlant. C'était que du bénéfice pour moi.

J'essayais alors d'appliquer les leçons apprises au cours sur mon lieu de travail, mais malheureusement je me rendis vite compte que c'était compliqué et même impossible. Je crus d'abord que le problème venait de moi, que je faisais quelque chose de faux ou que j'oubliais d'appliquer certaines règles, mais après une longue discussion avec mon professeur et surtout mon explication de ma situation professionnelle, il me confirma très clairement que le problème venait des responsables hiérarchiques et que je ne pourrais pas changer grand-chose mise à part quitter mon poste actuel ou continuer dans cette situation. En effet, mon responsable avait de gros problèmes de gestion et cela retombait sur moi. C'était un coup dur car ça ne faisait que quelques mois que je me trouvais à ce poste et je ne voulais pas être comme ces personnes qui changent toujours d'emploi, mais d'un côté cela me motivait à me lancer dans ma propre voie et quitter un endroit où je n'étais pas reconnue pour ma juste valeur. Je me devais alors de trouver une direction qui aille avec mes objectifs et avec ce que j'aimais le plus qui était d'aider mon prochain.

Je me pris alors en main et décidai de créer ma propre entreprise d'aide administrative. J'en avais assez d'être « l'esclave » des autres. De plus, cela faisait bien longtemps que j'avais cette idée derrière la tête et déjà plusieurs personnes m'avaient conseillé de me lancer car ça pouvait clairement marcher dû à la forte demande sur le marché. Donc dès que j'avais un temps libre dans mon horaire, je bossais à fond dans ce projet et faisais beaucoup de publicité afin d'attirer de nouveaux clients. Les gens me félicitaient et étaient très contents de mes services ainsi que de ma personnalité. Ils sentaient également que j'étais bienveillante et y mettait beaucoup du mien afin qu'ils soient satisfaits. Je m'occupais de leur dossier de candidature, de leurs assurances, de leurs déclarations d'impôts et bien d'autres choses encore. C'était très stressant car il y avait beaucoup à faire mais c'était un stress positif, j'aimais faire ça et me sentais utile de pouvoir apporter mon aide aux personnes dans le besoin tout en recevant une grande reconnaissance de leur part.

Je réfléchis encore quelques jours à ma situation professionnelle et hésitais grandement à donner ma démission. A quoi cela servait-il d'être dans un milieu de conflits sachant que je ne pourrais pas modifier la situation et me trouvais alors impuissante. Mais d'un autre côté, je n'avais pas les moyens financiers pour devenir indépendante et ne voulais pas commencer à me priver à cause de ces personnes malsaines. Je décidai alors de chercher une place dans un milieu de travail plus adapté à mes attentes et de peu à peu lancer mon entreprise en espérant un jour me mettre à mon compte et de pouvoir en vivre.

15- La mauvaise place

Je cherchai alors des annonces pour des places de travail qui pourraient me plaire et il ne me fallut que quelques jours pour retrouver un nouvel emploi. J'avais vu l'annonce sur internet et avais décidé de postuler et de tenter ma chance. Je reçus de suite un appel de la responsable des ressources humains qui me convoquait pour un entretien dans la semaine. J'étais très contente car le poste semblait vraiment me plaire et en plus dans un domaine que je ne connaissais pas donc cela me donnait encore plus de motivation.

Arriva le jour J, je me tenais debout devant la porte d'entrée avec un léger stress. J'avais mis mon plus beau blaser afin de paraître professionnelle et sérieuse. Je pris mon courage à deux mains et sonna, quelques secondes après, l'employée de commerce vint m'ouvrir la porte, elle me paraissait très gentille et j'aimais bien son style vestimentaire. Le chef arriva et m'accueilli chaleureusement. L'entretien se passa super bien et il me fit encore visiter les locaux et me présenta aux autres collaborateurs. Il m'avertit qu'il me donnerait une réponse dans la semaine à propos de mon dossier et pour me dire si j'étais engagée ou pas car il avait encore d'autres candidates à voir. Je le remercie et partis avec une bonne impression.

Deux jours après seulement, je reçu un appel de la responsable des ressources humaines, et elle me dit que j'avais la place et que je pouvais commencer quand je voulais. J'étais très heureuse et motivée à débuter ce nouveau job ! C'était enfin un nouveau départ pour moi !

Le premier jour arriva et je me réjouissais de connaître au mieux ma nouvelle équipe et mes nouvelles fonctions. La première fut Martine, elle était 3 ans plus jeune que moi et s'occupait du secrétariat de la boîte. C'était elle qui était venue m'ouvrir la porte le jours de mon entretien. Je me suis vite entendue à merveille avec elle car elle était très professionnelle et compétente. J'avais beaucoup à apprendre avec Martine. En plus, elle faisait preuve d'humour, j'adorais ça ! Ensuite, je connus Sophie, elle était quelques années plus âgée que moi mais très gentille et professionnelle avec également un humour prononcé que j'appréciais beaucoup. On formait un joli petit trio à nous 3 ! Et surtout les autres collaborateurs nous appréciaient pour notre bonne humeur et nos compétences. Ils aimaient nous déléguer du travail car ils savaient que celui-ci serait bien fait et rapidement.

Après un mois à mon nouveau poste, je m'étais déjà totalement intégrée et j'appréciais travailler avec ces 2 merveilleuses personnes. Il est clair qu'il y avait pas mal de choses qui ne me plaisaient pas dans l'entreprise, mais de ces deux merveilleuses jeunes femmes, je n'avais absolument rien à dire de négatif. Malheureusement, je ne m'attendais pas à ce qui allait arriver lors de ce vendredi après-midi d'été alors que le soleil était au rendez-vous. On était les 3 seules au bureau car c'était les périodes de vacances. Et là, Sophie nous annonça qu'elle avait donné sa lettre de démission car elle avait trouvé un nouveau job. Je tombai des nues, mais en même temps ce n'était pas étonnant. Sophie était vraiment une bosseuse mais elle n'en pouvait plus du comportement de la direction et elle avait donc trouvé un emploi dans un endroit où l'ambiance serait beaucoup mieux que chez nous, elle ne pouvait refuser cette opportunité. De plus, quelques semaines avant il y avait eu un gros malentendu avec le chef et celui-ci était en tort mais il n'écoutait pas ce que Sophie avait à dire. Ce fut un tout et elle en eu simplement marre.

Mais le pire vint juste après, pour couronner le tout, Martine nous avoua qu'elle aussi allait donner sa démission pour exactement les mêmes raisons que Sophie ! Elle faisait de son mieux pour cette entreprise mais les remerciements qu'elle recevait étaient des critiques ou la mauvaise humeur du chef. De plus, elle s'était spécialisée dans un domaine qu'elle aimait et voulait se lancer là-dedans. Je la comprenais parfaitement.

Au début, je ne voulais pas y croire, mes deux alliées partaient et j'allais me retrouver « seule » dans l'entreprise ! C'était mes deux piliers, et également ma seule motivation dans cet emploi. Malheureusement j'allais les perdre à cause d'un chef irrespectueux et dévalorisant. Quel gâchis ! J'aurais tellement voulu lui dire ses 4 vérités à celui-ci mais je savais que c'était peine perdue...

Martine me prit à part et me dit :

- Louise, ce n'est pas parce qu'on part que tu dois faire de même. Tu dois penser à toi ! C'est clair que je ne te vois pas encore 10 ans dans cette entreprise mais réfléchis à ce que tu veux vraiment et bas-toi pour arriver à tes fins.
- Je sais Martine, mais tu sais déjà l'ambiance qu'on a est à déplorer, on n'a pas assez de travail, et le peu de fois que le chef est là, il n'est pas très sympa avec nous voir malhonnête. Et franchement sans toi et Sophie ça va vraiment être pénible et difficile pour moi...
- Je sais bien Louise, c'est pour ça que je t'encourage à te lancer dans quelque chose qui te tient à cœur et qui te plait, comme moi je l'ai fait, pour que tu puisses quitter cet endroit et t'épanouir dans ta vie. Et plus être esclave de quelqu'un qui ne te mérite pas.
- Tu as raison et c'est ce que je vais faire. Je n'ai vraiment plus de motivation à venir ici et encore moins quand vous ne serez pas là. Je dois changer quelque chose à ma vie, et maintenant !
- Tiens bon, il suffit juste que tu ne prennes pas les choses à cœur et que tu te dises que bientôt tu feras ce que tu aimes sans être entourée de personnes malsaines comme ci. Tu as un bon cœur et je sais que tu mérites mieux.
- Oui, je vais faire ça, merci beaucoup Martine, j'ai de la chance de t'avoir connu !
- Avec plaisir et tu vas me manquer !
- Oh toi encore plus !

Et on quitta le bureau avec un brin de nostalgie et de tristesse.

Cela faisait maintenant un mois qu'elles n'étaient plus là et je me sentais vraiment démotivée et triste sur mon lieu de travail. Il n'y avait plus ces « rayons de soleil » le matin quand j'arrivais, ou les petites discussions pendant les pauses, bref tout ça me manquait. Et pour bien empirer la situation, une nouvelle personne avait débuté mais elle faisait preuve de méchanceté gratuite et n'avait rien à voir avec mes collègues précédentes. Elle était hautaine et ne voulait faire que ce qu'elle avait envie en me laissant les tâches les plus embêtantes. En plus, on manquait vraiment de travail et je m'ennuyais énormément, les journées étaient très longues et encore plus quand on devait côtoyer des personnes dans son genre. De plus, j'avais des problèmes familiaux et n'avais pas une personne de confiance à qui en parler dans cette entreprise. Ce qui a fait que peu à peu, je me suis retirée et n'avais vraiment plus aucune envie de faire des efforts, ni dans mon travail, ni avec mes collègues. C'était devenu très lourd et j'avais du mal à surmonter tout ça...

Après quelques semaines de réflexion et consultation avec mon médecin de famille pour qu'il m'aide à trouver une solution, j'en vins à la conclusion que je devais quitter mon emploi coûte que coûte. Je ne pouvais plus continuer comme ça au risque de faire une dépression.

Même si j'allais être pénalisée de 3 mois sans salaire car j'allais donner ma démission, je ne pouvais plus me rendre à une place si malsaine et qui me faisait sentir tellement mal sans que personne ne s'intéresse au sujet du problème. J'envoyais alors ma lettre de démission un vendredi à la fin du mois et me sentis tout de suite plus libre.

Mais voilà que le lundi d'après, je fus convoquée par la direction avant ma pause midi. Je me demandais ce qu'ils avaient à me dire mais au fond, je ne m'attendais plus à grand-chose venant de leur part vu leurs réactions. Arrivée à la séance, la responsable ne me regarda même pas dans les yeux, et là je me dis que ça sentait mauvais pour moi. Le grand boss, lui comme d'habitude toujours très sympathique dans ses mots, me fis le plaisir de me donner la lettre de renvoi et me donna divers arguments absolument faux sur moi pour attester cette lettre. Je ne lui répondis pas car je savais que c'était cause perdue avec lui, car c'était une personne qui ne se remettait jamais en question donc à quoi bon perdre de l'énergie et du temps en sachant que ça ne servirait à rien. Je pris la lettre et quitta le bureau en pleurs avec toutes les méchancetés qu'il avait dit et qu'il avait noté dans ce « petit » bout de papier.

J'arrivais au restaurant de mes parents et j'en discutai avec ma mère et mon copain pendant ma pause, ils me réconfortaient en me disant que c'était le mieux qu'il pouvait m'arriver car non seulement j'allais quitter cet endroit maladif mais en plus, il se pourrait que je ne serais pas pénalisée dans mon salaire car cet employeur était déjà très connu dans la négative par le chômage. Il faut dire que plusieurs personnes avaient déjà entamé des procédures contre lui car il n'était pas correct dans sa manière d'agir avec ses employés. Cela me fit du bien d'entendre les paroles de mes proches, même si au fond j'étais triste que cela se finisse ainsi. Mais je ne pouvais plus changer la situation, ce qui était fait était fait.

L'après-midi je retourna au bureau comme normal et comme si de rien n'était, car si je manquais cela me rapporterait des problèmes, et je voulais également leur montrer que j'étais forte et que malgré leurs paroles, j'étais là. Le chef était malheureusement encore là (lui qui avait toujours pleins de rendez-vous), et je ne sais pas s'il fit exprès mais il me demanda de lui créer différents tableaux sur l'ordinateur. Au début j'avais vraiment envie de l'envoyer balader, mais ma vraie nature, qui était d'être professionnelle et faire les choses bien malgré le reste, revint au-dessus et je me donnai de la peine pour créer ces tableaux comme il me le demandait. Il me les fit refaire une dizaine de fois et ce n'était jamais comme il voulait. Pour finir, il me demanda de laisser tomber et me répondit que tout de façon on n'allait jamais se comprendre. Comme toujours, je ne lui répondis même pas et pris mes affaires pour partir car j'avais déjà dépassé mon heure de fin. Et là ce fut la fin du monde ! Il me dévalorisa encore une fois en me disant que mon niveau de compétences était à zéro et qu'il ne savait pas comment j'avais pu travailler jusqu'à aujourd'hui, etc. Pour une fois, je pris mon courage à deux mains et me souvenu de ce que le Docteur m'avait dit « Quand il te manque de respect, tu lui dis qu'il n'a pas le droit », et c'est ce que je fis. Bien sûr, il me renvoya sur le champ car il n'acceptait pas qu'on lui dise la vérité et qu'il soit en tort, et il me demanda de rendre la clé et de partir. Et c'est exactement ce que je fis.

J'étais enfin libre ! Je ne devais plus supporter cette maltraitance psychique et cette dévalorisation venant d'une personne aussi malsaine que lui ! Il ne me restait plus qu'à m'inscrire au chômage pour pouvoir bénéficier d'un salaire à la fin du mois et de retrouver un nouvel emploi. Moi qui me faisais du souci de devoir tenir encore un mois dans cette ambiance, j'étais soulagée même qu'au fond de moi je me sentais mal d'avoir été traitée ainsi, mais le plus important est que tout ça c'était fini !

16 - L'année du succès

Une nouvelle année débutait et une nouvelle vie également. J'avais décidé de prendre ma vie en main et de faire ce que j'aime et ce pourquoi je me sentais utile, aider mon prochain.

Je commençai donc par m'inscrire au chômage pour pouvoir bénéficier d'une aide financière et du cours « comment devenir indépendante » pour avoir des bases dans la gestion d'une entreprise. Puis, je lu beaucoup de livres de développement personnel et suivi des comptes d'entrepreneuses sur les réseaux sociaux pour en apprendre davantage. J'étais déterminée plus que jamais à changer de vie et à être heureuse dans tous les domaines de mon existence. Et pour cela, il me fallait travailler très dur...

Moi qui pensais avoir tourné la page de l'année précédente, voilà qu'une lettre arrivait du chômage en me demandant de prendre position au courrier de mon ancien employeur. Et là, mon cœur se mit à accélérer, les angoisses reprirent le dessus et je me sentais mal à nouveau. Ces vieux sentiments négatifs avaient refait surface car cette lettre touchait un point très sensible avec des fausses accusations de mon ancien chef. Mathieu me demanda de me calmer et me suggéra de rédiger la réponse à cette lettre sur le moment et de dire tout ce que j'avais sur le cœur. Et c'est exactement ce que je fis, en toute transparence, j'expliqua dans les grandes lignes ce que cette entreprise m'avait fait subir et le vrai pourquoi de mon licenciement. Après cette rédaction où j'avais mis toute mon énergie, je fermai l'ordinateur, et alla me coucher un peu plus sereine qu'une heure auparavant. Le lendemain, bien sûr, je relis la lettre pour être sûre qu'elle soit professionnelle malgré tous mes ressentis, et c'était bien le cas, tout y était dans les plus gros détails. Donc je l'imprimai et l'envoyai en espérant avoir une réponse positive et que ce chapitre s'arrête une bonne fois pour toutes car c'était pesant.

Après ce cet évènement peu encourageant, il me fallut quelques jours pour pouvoir m'en remettre, mais j'avais de la chance d'être bien entourée et de recevoir beaucoup de compliments par rapport au projet que je voulais lancer. Ce qui me faisait me sentir plus sûre de moi et utile dans la vie des gens.

Une semaine après cet épisode, je reçu l'appel d'un ancien camarade d'école que je n'avais pas revu depuis de nombreuses années. Il se trouve qu'il faisait du bénévolat pour une association de jeunes en difficulté et il était très intéressé par ce que je proposais. Il me félicita d'avoir eu le courage et l'audace de me lancer à mon compte et me demanda si je voulais passer à l'association avec lui afin de pouvoir développer quelque chose ensemble et pour aider les jeunes dans leur situation si complexe. J'acceptai directement et sans attendre, pouvoir aider les autres était quelque chose qui me tenait vraiment à cœur, je ne pouvais refuser cette proposition. De plus, j'étais également passé par-là quand j'étais jeune, ce moment où tu ne sais pas trop quoi faire de ta vie et ou le futur est bien loin devant toi donc tu ne te soucies pas plus que ça.

Vendredi d'après, on se retrouvait alors devant l'association, j'étais tellement motivée et déterminée avec une petite touche d'angoisse bien sûr en découvrant de nouveaux lieux et de nouvelles personnes. Je fus accueillie très chaleureusement et ils me firent une brève visite de la maison. Je fis également la connaissance du staff et de quelques jeunes qui étaient sur place. J'adorais l'ambiance et la bienveillance des adultes, cela se voyait qu'ils avaient plaisir à être là et à aider ces adolescents. Les éducateurs m'ont alors bien fait comprendre que c'était du bénévolat et que ça n'allait pas être toujours facile car la plupart sont des jeunes en difficulté, mais cela ne me faisait pas peur, au contraire, je me sentais vraiment bien et utile de pouvoir leur apporter mon soutien. On fixa alors une date pour le mois d'après, et ils préparèrent une affiche avec la date, mes coordonnées, et en expliquant en résumé que je viendrais les aider pour une recherche d'apprentissage ou autre. Je partis de là le cœur léger et avec un grand sourire. Je me réjouissais déjà pour la suite de cette aventure et ne regrettai pas mon choix.

Et comme une bonne nouvelle ne vient jamais seule, Mathieu eut la bonne idée de parler de mon projet à des amis qui avaient monté leur propre boîte dans les finances et qui connaissaient un succès fou et énorme. Ils acceptèrent bien sûr de me rencontrer et en plus de ça, ils me proposaient un partenariat avec eux afin de m'aider à me développer. J'étais super contente, enfin après toutes ces années à travailler pour les autres et toutes ces mauvaises expériences, je me sentais maintenant à ma place et surtout reconnaissante de toutes ces bonnes choses qui m'arrivaient. Bien évidemment je savais que j'allais devoir travailler dur car si je voulais développer rapidement ce projet, je ne pouvais pas attendre que cela tombe du ciel, mais j'étais prête à consacrer toute mon énergie et motivation dans ma future entreprise. C'était vraiment mon plus gros objectif de l'année.

En quelques mois seulement, j'avais vu une énorme expansion de mon projet et j'avais récolté les graines que j'avaient semées. Les personnes prenaient contact avec moi pour que je les aide dans leurs tâches administratives mais surtout elles venaient de tout le pays, comme quoi le virtuel n'apporte pas que du négatif. C'était juste génial ! Je ne pouvais m'attendre à mieux !

Toute cette énergie et cette persévérance avait donné à Mathieu l'envie d'entreprendre lui aussi. Lui qui était dans le monde des assurances depuis des années, ne se voyait pas faire ça à long terme. Il réfléchit à ce qui pourrait vraiment le motiver et là où il pourrait s'épanouir et bien évidemment, lui vint l'idée des chiens. Il possédait Api depuis 10 ans et craignait déjà le jour où il devrait la voir partir. Il était également peu fier de l'éducation qu'il lui avait donnée et voulait s'améliorer et pouvoir aider les autres à ne pas faire les mêmes erreurs que lui. Il décida alors de s'inscrire dans une école d'éducateur canin afin d'apprendre davantage dans ce domaine et pourquoi pas, plus tard, se mettre à son compte et devenir à son tour un éducateur canin.

Ce n'était pas toujours facile, car les cours se déroulaient les weekends et durant de nombreuses heures, ce qui le fatiguait et lui laissait peu de temps pour se reposer mais il était motivé plus que jamais et c'était vraiment ce qu'il voulait faire. Donc il redoubla d'efforts et suivi la formation avec la plus grande attention. Il regardait également des vidéos pour pouvoir s'améliorer jour après jour. Je voyais vraiment une grande progression surtout quand on promenait les chiens et il appliquait ce qu'il avait appris.

17 - L'opportunité inattendue

Voilà que tout allait bien dans ma vie, mais comme toujours, une nouvelle vint heurter ma tranquillité. Je su que j'avais trois mois pour être financièrement indépendante sans aide extérieure. Cela me mis un coup de pression énorme ! J'avançai bien dans mon projet mais je ne pouvais sûrement pas m'en sortir seule du côté financier, c'était trop tôt. Surtout que j'avais discuté avec plusieurs indépendants qui me racontaient qui leur avait fallu minimum 2-3 ans pour que leur entreprise fonctionne, et 5 ans pour qu'elle soit stable, donc je ne voyais pas comment je pourrais m'en sortir en quelques mois seulement...

Je pris un temps de réflexion au calme pour essayer de trouver une solution et surtout afin de savoir ce que je pouvais faire pour m'en sortir et pouvoir vivre de mon projet. Je me rendis compte que je faisais un grand boulot de manière gratuite mais que cette tâche pourrait m'apporter gros si j'en discutai sérieusement avec la responsable de l'agence de placement et que je lui proposai quelque chose de sérieux et surtout, d'intéressant financièrement pour moi. Il est vrai que je lui adressais beaucoup de clients pour qu'ils puissent retrouver un emploi, et cela me prenait beaucoup de temps et d'énergie car certaines personnes demandaient beaucoup d'attention, et je ne demandais rien financièrement. Alors que si ces personnes étaient placées dans une entreprise, l'agence recevait une commission pour chaque client. Je décidai alors de fixer rendez-vous avec la responsable pour lui en parler et surtout lui expliquer mon angoisse quant à mon futur professionnel.

Le jeudi suivant, j'étais là devant l'agence, stressée à l'idée de présenter mon projet à Antonia. Mais comme d'habitude, elle m'accueillit très chaleureusement et écouta ma proposition avec beaucoup d'empathie et compréhension. Antonia était une jeune maman qui savait être à l'écoute et m'encourageait beaucoup. A chaque fois que je lui faisais part de quelque chose ou d'un souci, après avoir discuté avec elle, je me sentais apaisée et optimiste pour mon avenir. Elle savait trouver les bons mots.

J'entrepris alors la discussion en lui expliquant ma crainte et lui proposai mon deal qui était de recevoir une somme pour chaque client qu'elle pouvait placer grâce à mon aide. Elle était totalement d'accord avec moi et voulait m'aider au mieux car elle était consciente que ça allait devenir une période difficile pour moi. Voilà ce qui me plaisait chez elle, toujours prête à aider son prochain et avec un grand cœur, c'était également pour cela que j'avais élu cette agence comme ma priorité et mon coup de cœur. Elle m'expliqua qu'elle avait rendez-vous avec son responsable, le grand chef de toutes les agences de placement de la Suisse romande, et qu'elle allait lui toucher un mot pour voir ce qu'il en pensait. Je la remerciai infiniment et lui dit que j'attendais alors de ses nouvelles.

La semaine d'après, je reçu un appel de sa part, je décrochai :

- Coucou Antonia, comment tu vas ?
- Coucou Louise, je vais très bien merci et toi ?
- Oui super ! J'ai une très bonne nouvelle à t'annoncer et c'est encore mieux de ce que je pensais ! Je suis trop contente pour toi, tu le mérites !
- Oh trop bien, merci ! Dis-moi tout, je suis curieuse.
- Mon chef veut te rencontrer demain à 9h ici au bureau, crois-tu que tu arriverais à te libérer ? Je suis désolé que ce soit un peu à la dernière minute mais il tenait vraiment à te voir rapidement pour te proposer quelque chose de très intéressant...
- Bien sûr que je serais là ! J'avais en plus gardé cette journée en réserve pour les imprévus donc cela tombe à merveille ! J'espère que tu seras également présente, cela me stresse un peu car je ne l'ai jamais vu.
- Ne t'inquiète pas, je serais là et t'appuierais bien sûr dans ton projet, il me tient à cœur tout autant que toi.
- Ah c'est très gentil Antonia, merci du fond du cœur pour tout cette énergie que tu mets dans tout ce que tu entreprends !
- Pas de quoi, je le fais très volontiers ! On se voit demain alors. Belle journée.
- Merci à toi aussi !

Et je raccrochai avec une grande excitation et une petite touche d'angoisse car j'allais être face à mon point faible qui était de communiquer verbalement avec quelqu'un que je ne connaissais absolument pas. Mais c'était pour la bonne cause et je n'avais rien à perdre, au contraire, j'avais tout à y gagner et c'était une chance qui se mettait sur ma route. Encore une fois, ma persévérance avait payé et j'allais récolter les graines que j'avais planté.

Le lendemain à 9h j'étais là devant le bureau, prête (ou pas) pour affronter cet entretien qui pourrait bien changer mon futur professionnel. Antonia vint m'accueillir et on s'installa en attendant Daniel, son responsable. Elle me fit un débrief de ce qu'ils avaient parlé et me rassura en disant que le retour de son boss avait été très positif. Daniel arriva enfin et on fit les présentations. Il me parut très gentil et professionnel. Cela se voyait également qu'il aimait ce qu'il faisait et qu'il était très motivé de me transmettre son savoir. La partie moins belle, que j'aimais le moins ou plutôt que je détestais arriva et je dû présenter mon projet, donc m'exprimer ouvertement devant une personne inconnue. Je lui expliquai ce que j'avais fait jusqu'à maintenant et comment j'avais pu aider leur agence à trouver des candidats pour leurs clients. Antonia appuya mes paroles en lui citant également les personnes qu'elle avait pu placer dans les différentes entreprises grâce à moi. Il était très intéressé par mon projet et me proposa alors de devenir ambassadrice de leur agence. J'étais aux anges ! J'allais pouvoir continuer d'aider les gens et de les soutenir moralement, tout en ayant un revenu pour cette tâche, ce qui me permettrait d'en vivre et de ne plus angoisser financièrement. Il m'expliqua toute la procédure et me fit signer une convention afin que ce soit vraiment officiel et que je n'aie pas de problèmes. Je ne pouvais demander mieux, j'étais vraiment très heureuse et contente de cette nouvelle. Antonia me félicita et je la remerciai pour tout ce qu'elle avait fait pour moi. Je remerciai encore Daniel et quitta l'agence pour avertir mes proches de cette belle nouvelle.

Ils me félicitèrent et me dire que je le méritais après tout ce travail acharné et tout le bien que j'avais pu faire autour de moi c'était le moment de recevoir une reconnaissance.

Mathieu me proposa même un petit weekend à Lisbonne pour fêter ça. Je ne pouvais refuser, j'avais besoin d'un peu d'air pour pouvoir me ressourcer et continuer mon travail avec de bonnes énergies et à tête reposée. On partit alors 4 jours dans la belle capitale portugaise et on s'amusa comme des fous, mais surtout on profita de manger de délicieux plats locaux. C'était juste parfait !

18 - Les imprévus

Je vivais une vie paisible et tranquille dans tous les domaines de ma vie et je commençais même à trouver cela bizarre car j'avais pour habitude qu'il y ait toujours un souci par ci par là. Mais là, pour une fois tout allait bien et je m'apprêtais à partir en vacances et déménager dans l'appartement de mes rêves.

Oh j'allais oublier, 5 mois étaient passés et beaucoup d'évènements s'étaient produits dont un voyage en Sicile pour le mariage d'un ami, la recherche d'appartement car on souhaitait absolument avoir un jardin, et bien d'autre choses encore.

L'été frappait à notre porte et Mathieu et moi nous nous réjouissions de pouvoir atteindre tous ces objectifs qu'on s'était fixé. Mais une nouvelle vint heurter notre bonheur quotidien. En effet, j'appris que mon père souffrait d'une maladie et qu'il devait se faire opérer dans les plus brefs délais.

Le ciel me tomba sur la tête, non je ne pouvais pas y croire, pas lui, pas mon papa, pourquoi ?! J'étais furieuse, triste et pleine de questions, un mélange de sentiments négatifs m'enveloppait et j'avais l'impression de perdre le contrôle de la situation. Moi qui me réjouissais tant des vacances qui arrivaient à grands pas ainsi que du déménagement dans l'appartement tant souhaité mais tout cela fit basculer mon humeur. Heureusement j'avais le soutien de Mathieu qui me disait que tout allait bien se passer et que ce ne serait qu'un mauvais souvenir... Je voulais le croire mais au fond de moi j'avais très peur et pensais que le pire allait arriver.

J'en discutai avec mes parents et ils étaient confiants, enfin plutôt ma mère, mon père avait de la peine à accepter et voulait tout quitter pour partir vivre au pays. Je leur en voulais de ne pas me l'avoir dit plus tôt mais ils voulaient que je parte en vacances pour me reposer et ils me l'auraient annoncé après mon retour, malheureusement ce n'est pas ce qu'il s'est passé. J'insistai pour rester auprès d'eux mais ils ne voulaient pas car tant que l'opération n'aurait pas lieu, je ne pouvais rien faire pour eux.

Je partis donc quand même en vacances avec Mathieu pour me reposer et cela me fit effectivement un bien fou. Je pu vraiment décompresser de tout ce qu'il m'était arrivé en si peu de temps. J'appelai mes parents chaque jour pour avoir des nouvelles et je profitai au mieux de ce temps pour me ressourcer. On ne fit pas grand-chose lors de notre séjour car on s'était mis d'accord que ce serait un temps de tranquillité et de repos.

Après quelques jours à l'étranger, nous étions de retour dans notre appartement qui ressemblait à vrai dire, à un chantier dû aux cartons déjà prêts pour le déménagement.

Mathieu m'avait proposé de prendre de l'avance car le déménagement se passait en même temps que l'opération de mon papa et je voulais être disponible pour lui s'il avait besoin de quelque chose et ne serait-ce que pour le visiter.

Le jour de l'opération arriva et on emmena mon père à l'hôpital. On était tous stressés mais on savait au fond de nous que tout allait bien se passer et qu'il serait vite guéri. On le déposa avec une petite larme à l'œil et on lui dit de nous avertir dès qu'il pourrait et on retourna dans nos cartons afin d'être prêts pour le jour J.

Quelques heures après je reçu un appel, papa ?! Déjà ?! Je répondis :

- Papa ! Tu vas bien ? Je ne pensais pas avoir de tes nouvelles si rapidement !
- Oui oui c'est bien moi ! Tout s'est bien passé et j'ai déjà pu revenir dans ma chambre. Ils avaient dit qu'ils me garderaient en chambre de réveil jusqu'à tard le soir mais finalement il n'y a pas eu besoin, je suis content !
- Mais quelle bonne nouvelle ! Du coup on ne peut venir que te visiter demain ?
- Non non, ils ont fait une exception et sont d'accord que ta mère et toi veniez maintenant.
- Oh mais c'est super ! Je me prépare et j'arrive avec maman alors !
- A toutes !
- A tout de suite !

Et je me dépêchai d'aller chercher ma mère afin d'aller retrouver mon père.

Trois jours après cette bonne nouvelle, on reçut enfin la clé de notre futur appartement avec un jardin énorme et on était trop excités ! Mathieu me laissa à l'appartement avec les cartons, et il retourna chercher d'autres affaires dans l'ancien appartement. Un artisan vint contrôler une des salles de bain car elle avait des dégâts d'eau, et là ce fut la déception totale ! Il n'était pas du tout content car il disait que ce dégât s'était propagé dans toute la maison et qu'ils devraient peut-être détruire tout l'appartement ! J'étais dépitée, je pensais que c'était une blague et ne pouvais pas croire que notre cocon tant attendu allait m'amener autant de soucis. J'attendis Mathieu pour lui annoncer la nouvelle et ben évidemment quand il l'apprit, il était furieux ! Il me dit d'appeler directement la gérance et de lui dire ce que l'artisan m'avait annoncé. Heureusement la dame de la gérance était très gentille et m'expliqua qu'elle allait voir ce qu'elle pouvait faire afin de limiter les dégâts.

On posa alors toutes nos affaires dans les espaces respectifs sans rien déballer car on n'était pas sûrs de pouvoir rester dans cet appartement tant voulu... Mathieu me conseilla alors de regarder s'il y avait d'autres dégâts dans notre nouveau logement. Là encore déception ! La machine à laver et le lave-vaisselle ne fonctionnaient pas, les dalles de la terrasse se décollaient, il y avait plein de petits soucis un peu partout ! On croyait vivre un cauchemar ! Ce n'était pas possible tant de mauvaises choses en si peu de temps... J'appelai alors une fois de plus la gérance et lui fit part de mon mécontentement. Elle était très désolée car les anciens colocataires ne les avaient pas avertis et elle fut très réactive et envoya de suite les artisans pour qu'ils viennent faire les réparations. Cela nous rassura un peu et on dut s'armer de patience, bientôt tout serait en place pour qu'on profite de notre nouveau chez nous.

Deux semaines après, tout était en place et on n'attendait plus que les dégâts d'eau soient réparés. Mon papa était sorti de l'hôpital et nous avait même donner un coup de main pour emménager le jardin. On sentit alors qu'on était sur la bonne voie et qu'on pourrait enfin retourner à notre vie normale de tous les jours.

19 - La baisse de motivation

Le mois de septembre était arrivé à grands pas et j'étais contente de débuter une « nouvelle » vie dans un nouvel appartement, avec de nouveaux objectifs pour mon entreprise, etc.

Mais malheureusement tout ne se passait pas comme prévu. Suite à tous les imprévus du mois passé, je sentis un relâchement et cela engendra une baisse de motivation. De plus, niveau business c'était le flop car je devais toujours attendre sur les autres personnes pour pouvoir avancer ce qui me retardait et me frustrait grandement. Sans compter, les commentaires négatifs que je recevais par des personnes qui ne valorisaient pas mon travail et voulaient tout simplement tout avoir gratuit. Je ne pouvais tout simplement plus me permettre d'aider les gens de manière gratuite car j'étais indépendante et je devais également pouvoir payer mes factures à la fin du mois.

Je testai diverses choses comme l'établissement de nouveaux partenariats, relancer certains sujets en attente, etc. Mais là encore, déception totale ! Les gens n'avaient pas la même ambition ou tout simplement prenaient plus de temps pour effectuer les choses.

J'étais vraiment perdue, j'avais l'impression de tourner en rond et de ne pas réussir à sortir de ce cercle vicieux.

Je venais de rentrer de vacances il y a quelques semaines mais je ressentais déjà le besoin de repartir tellement je gaspillais toute mon énergie en vain.

Je n'avais malheureusement pas de personne de référence car j'étais seule dans mon entreprise, et me posai beaucoup de questions. Est-ce que je devais tout arrêter et me retrouver un emploi. Est-ce que je devais changer de stratégie. Est-ce que je devais faire appel à une aide extérieure. Je me remis en question à plusieurs reprises mais là encore sans solution pour avancer.

J'en fis alors part à Mathieu qui me comprenait totalement et essayait de me rassurer du mieux qu'il pouvait. Bien sûr, ces paroles me réconfortaient et me prouvaient que je ne faisais rien de mal et que je devais juste avoir de la patience et que tout irait bien. Il m'expliqua également que nous étions des personnes qui voulaient avoir tout, tout de suite donc on était souvent déçus par les autres car nos attentes n'étaient pas respectées. Il me dit de garder ma persévérance et que ça allait payer dans quelques semaines.

Je réfléchis pendant quelques jours à ses mots et décidai de me prendre en main. Il avait raison, l'entrepreneuriat et l'indépendance n'étaient pas facile tous les jours mais avec persévérance je pourrais réussir et être épanouie dans mon entreprise. Je me devais de réussir et d'atteindre mon objectif. Je n'avais pas fait tout ça pour rien !

Je fis alors plusieurs changements et décidai également de prendre soin de ma santé mentale car j'avais tendance à mettre les autres d'abord et à me laisser pour dernière ce qui me rendait triste et me démotivait.

Après quelques jours déjà, je vu de grands changements. J'avais totalement changé ma perception des choses et voyais les situations d'un point de vue plus optimiste et cela me donnait la force de continuer sur cette lancée.

Je rigolai presque de m'être fait autant de souci pour quelque chose qui n'en valait pas la peine et qui était à ma portée. Je devais juste avoir le déclic, et ce déclic je l'eu grâce à Mathieu. J'étais contente de pouvoir compter sur lui et j'avais beaucoup de chance de l'avoir près de moi.

D'ailleurs, avec toutes ces histoires je ne vous ai pas dit que Mathieu avait également un projet et qu'il venait d'atteindre un de ces objectifs. A force de me voir persévérer pour quelque chose que j'aime et des encouragements de ses proches, il décida de suivre la formation d'éducateur canin qu'il réussit avec succès. Et il venait tout juste d'entamer sa 2e formation pour réaliser son rêve qui était d'ouvrir une pension pour les chiens. J'étais super contente car c'était également une de mes passions et je me réjouissais déjà pour le futur car ce serait notre projet à nous deux.

Mais voilà, en ce moment je devais penser à moi et développer mon entreprise au mieux pour pouvoir ensuite me consacrer à ce 2e projet.

20 - Le coup de boost

L'automne était là, les beaux paysages avec les feuilles orange qui tombaient des arbres me plaisaient beaucoup et faisait du bien à mon moral. Ma nouvelle stratégie fonctionnait à merveille et je récoltais enfin ce que j'avais semé. Mes partenariats fonctionnaient, mes clients étaient gentils et attentionnés et ceux qui ne l'étaient pas je stoppai la collaboration directe sans me prendre la tête pour rien ou me laisser macérer dans de mauvaises ondes pour des futilités.

D'ailleurs, mon anniversaire pointait le bout de son nez et je décidai même de fêter ça avec ma famille et mes proches afin de passer un moment de qualité en compagnie de ceux que j'aime. Avec du temps et du recul, je me rendis compte que j'avais beaucoup grandit mentalement et j'étais devenue bien plus mature. Désormais je prêtais attention à ce qui valait vraiment la peine et je donnais la priorité aux bonnes choses. Je me mettais plus en avant et prenais soin de moi avant de gâcher ma santé mentale avec des choses ou personnes inutiles dans ma vie qui ne me rapportaient que des problèmes.

Niveau perso, les projets avançaient également. On réserva avec Mathieu des vacances au mois de décembre pour aller nous réchauffer et nous reposer en Égypte car ce n'était pas très loin et on ne souhaitait pas faire de longues heures en avion. De plus, les prix étaient plus que raisonnables donc c'était l'occasion d'aller découvrir ce beau pays qu'on ne connaissait pas. On se réjouissait déjà car ces derniers mois avaient été très intenses pour nous deux et malgré nos courtes vacances d'été, on avait besoin de repos afin de nous ressourcer et de charger nos batteries pour revenir avec plus de motivation.

D'ailleurs, Mathieu attendait de débuter ses cours de pension pour chiens et je commençai à faire de la promotion sur les réseaux sociaux pour qu'on puisse enfin construire une communauté et aller de l'avant avec ce projet.

Du côté famille, mon père allait beaucoup mieux et dès que je pouvais, j'allais travailler au restaurant pour que ma mère puisse avoir congé et profiter avec mon père. Leur business fonctionnait également très bien et ils étaient très contents d'avoir un soutien.

Bref, tout se passait pour le mieux et nous étions tous très heureux...

Nous partions alors en vacances pour une petite semaine, découvrir l'Égypte ! Cela nous faisait bizarre car nous avions l'habitude de nous aventurer dans la nature de nos propres moyens mais là, on nous avait clairement dit de faire attention de ne pas nous balader seuls et que nous n'aurions pas la même liberté que dans les autres pays.

On prit alors un hôtel tout compris et on décida de faire des excursions guidées afin d'être plus en sécurité et pour qu'il ne nous arrive rien.

On visita d'abord le désert à l'aide d'un quad avec de magnifiques paysages et un coucher de soleil juste sublime. Ensuite on eut la chance de nous arrêter dans un gite pour pouvoir y souper et découvrir un beau spectacle avec des traditions égyptiennes.

On fit également une balade en yacht sur la mer rouge, où on put faire du snorkeling et ainsi découvrir de jolis poissons et coraux au fond de la mer. Là également, la nourriture était offerte et on aperçut de splendides paysages avec une mer bleu clair !

Sinon, on profita de l'hôtel pour nous reposer et nous promener au bord de la mer. Il y avait beaucoup de chats et on était contents de partager des moments avec eux. La nourriture par contre n'était pas excellente mais on n'avait pas vraiment le choix donc on fit avec ce qu'on avait.

On profita également de planifier diverses étapes pour notre projet canin et on était contents des résultats.

Bref, c'était déjà le moment de repartir loin de ces bons rayons de soleil mais on se réjouissait de rentrer pour pouvoir retrouver nos proches et nos toutous.

Le retour fut assez compliqué pour moi car je devais rattraper tout mon travail d'une semaine et cela s'accumulait sans que j'arrive à être à jour. Mais je ne perdis pas espoir et peu à peu je réussis à tout mettre en ordre.

Pareil pour les divers projets que j'avais en attente, je décidai vraiment de tout actualiser et de continuer avec ce qui me faisait avancer, et de stopper les choses qui me stoppaient sur mon chemin. J'étais partie pour finir l'année en beauté...

Table des matières

yes

I want morebooks!

Buy your books fast and straightforward online - at one of world's fastest growing online book stores! Environmentally sound due to Print-on-Demand technologies.

Buy your books online at
www.morebooks.shop

Achetez vos livres en ligne, vite et bien, sur l'une des librairies en ligne les plus performantes au monde!
En protégeant nos ressources et notre environnement grâce à l'impression à la demande.

La librairie en ligne pour acheter plus vite
www.morebooks.shop

Printed by Books on Demand GmbH, Norderstedt / Germany